闇バイトで人生詰んだ。

—元特殊詐欺主犯からの警告—

フナイム 著

かざひの文庫

まえがき

特殊詐欺の元主犯格が本を書く時代がやってきたのか！

オファーを頂いた時の正直な感想だ。

本書を書くにあたり様々なことを考えた。

このような本を書いて果たして需要があるのか。

誰に向けて書くのか。

どのような内容を書くのか。


混乱する頭で一つ一つ整理した。

罪を犯すには必ず理由がある。

その理由を解くために、私は自身の生い立ちから逮捕、服役、深夜の独居房の仄暗さと刑務官が巡回する足音、それらの中で自身の過去と向き合ったこと、そして今現在までの振り返りが必要だった。

なぜ罪を犯したのか、罪を犯した結果どうなるか、その後に待ち受ける人生、それらの経験を思い起こしながらの執筆。その短く目まぐるしい人生を経てたどり着いた犯罪撲滅活動から見た犯罪の世界を記すことにした。

特に「闇バイト」についてはしっかりと記していきたい。

私が犯罪の世界へ足を踏み入れた時「闇バイト」という言葉ではなく、「裏仕事」という言葉だった。名称や時代が変わっても、基本的にやってることはほぼ変わらない。私もまた現代で言う「闇バイト」で人生詰んだ人間なのだ。

この本は学生さん、その親御さん、後期高齢者の方まで様々な世代の方に向けて「罪」というテーマに重きを置いた。

日本の学校教育や家庭内での教育は「罪」についての教育が乏しい現状がある。そこに犯罪をしてしまう理由があるのではないかとも考えた。

道徳の時間に教えることといえば、人のものを盗んではいけない、人を傷つけてはいけないなど何々をしてはダメと教える。

それがどのような法律に違反して、どんなバツが与えられてしまうのか。そして相手がどう思うのか。何故してはいけないのかは教えないし、考えさせることも少ない。そここそ重大な問題ではないかと私は考える。

また倫理やモラルといった教育も義務教育課程からではなく、保育園や幼稚園などから取り入れるべきだと考える。

その理由は罪を犯す人間は圧倒的に倫理観が欠如しているということ。罪に対して悪気が一切ないこと。

三つ子の魂百までという言葉があるが、まさにその通りで人格形成に必要な教育が十分施されていないからこそ罪を犯してしまう人間は次々と出てきてしまう。これは自身の経験から考えたことだ。

それから大人への教育の機会を与えることも重要だと考え感じる。大人世代の方にはこの本を自分の人生と照らし合わせて欲しい。私よりも幸せな人生を歩んでいるはずだ。そして自分が今過去の私のような考え方に陥っていないかを確認してもらいたい。

闇バイトをしたり、犯罪をしてしまいそうな読者がもしいたら、私の経験を自分の人生に置き換えて想像して欲しい。どんな未来が待っているのかを。

それから子供を持つ親御さんであれば、闇バイトや犯罪はなぜダメなのかを子供と話す機会を持ってもらいたい。

ご高齢のご家族がいらっしゃる方は詐欺への注意喚起を家庭内で徹底してもらいたい。

高齢者の方はこの本を通じて特殊詐欺という犯罪について学び、絶対に被害に遭わないため大切な財産を守るために役立ててもらいたい。

それらの願いと反省・警鐘を込め、生まれて初めて長い文章を書いた。

本書が義務教育や大人への教育を変えるきっかけの一助になればと願いつつ。

令和5年11月吉日　フナイム

目次

［イラスト］JET SIN
［装丁］仙次

1章 幸せと不幸の狭間に生きた少年時代

フナイムという名前の由来

「2716番、2716番、おい、返事をしろ」

一瞬、誰のことかわからなかった。気が付くと私の目の前に刑務官が鬼の形相で仁王立ちしていた。

「お前のことだよ。2716番、聞こえないのか」

「すみません。気が付きませんでした」

刑務所へ収監された当初、番号で呼ばれることに慣れない私は刑務官にこう応えるのが精一杯だった。人のことを番号で呼ぶな、名前で呼べよ。そんな風に反抗心を時に抱いたこともあった。

刑務所では収監されている受刑者一人一人に【称呼番号（しょうこばんごう）】と呼ばれる番号が与えられる。この番号で刑務所側は受刑者一人一人を管理している。私が与えられた称呼番号は「2716番」この番号は出所する時まで変わることはない。島根県浜田市に立地する刑務所、島根あさひ社会復帰促進センターに収監されていた4年2か月の間、私はずっとこの番号で管理されていた。

受刑中、ある時を境目に、私は出所し社会復帰した暁には、SNSを通じ過去に私が犯した詐欺の手口を公開し、加害者側の考え方や被害に遭わないためどうしたらいいのか、犯罪をしてしまうとどういうことになってしまうのか、刑務所内での暮らし、刑務所で考えたことなどを発信することを決めた。

その時、私の本名を出して発信することは、家族に迷惑がかかる可能性があると考えた。どんな名前が良いだろうか。閃いたのが刑務所側から与えられていた称呼番号をそのまま活動名にするのはどうだろうかということ。

「2716番」この番号を他の読み方に変え、2はひーふーみーという数え方の「フ」、7は「ナ」、1は「イ」、6は「ム」、「フナイム」。しかし、この感じだとなんだかふなっしーとスライムを掛け合わせたようなキャラクターのキメラみたいだ。それならば、表記を英語にしよう。

「funaim」

社会復帰をしても私は元受刑者であることには変わらない。自分への戒めの意味を込めて、この番号を一生背負い、更生を目指し活動する。このような意味を込めて、私はフナイムとして社会復帰後活動することを決めた。

楽しかった幼少期

私は1980年8月30日福岡県久留米市で生まれた。物心つく前に父は交通事故に遭い死別したと言い聞かされ、幼稚園に入園する頃から東京で母、祖父母と一緒に暮らしていた。母は働きに出ていたので、私の面倒は祖父母が見てくれていた。

「ここがお父さんのお墓だよ」と、祖母に連れていかれた場所は福岡県内にある小さな寺のお墓。幼い私は「お父さん天から見守ってください」と心から願った。お父さんはいつも心の中にいる。祖母からはそんな風に教えられた。

初孫だったこと、父と死別したことからか、私は祖父母に思い切り甘やかされて育てられた。デパートに行くとすぐにおもちゃが買ってもらえ、ファミリーレストランでお子様ランチをほおばり、大好きだった後楽園遊園地（現・東京ドームシティ）で人気のヒーローショーにもたくさん連れて行ってもらった。スーパーへ買い物に行けば〈コアラのマーチ〉や〈ビックリマンチョコ〉といった大好きなチョコレート菓子をたくさん買ってもらった。ごくまれに「今日は我慢しなさい」と祖母に言われたこともあったが、その時はわがままぶりを発揮してしまう。癇癪を起こし、祖母を叩いたり蹴ったりして「なんで買ってくれないの！」と喚き散らしているような子供だった。

家庭内での態度とは裏腹に、友達とは仲が良く、わがまま放題するようなことはなかった。完全なる内弁慶だった記憶がある。

当時を振り返ると、人よりも目立ちたいという気持ちが強かったせいか、嘘もたくさんついていた。大人気だったジャニーズのグループのグッズが当たったと周りに言いふらし、羨望のまなざしを受けたことに快感を覚えたこともよく覚えている。今となっては、あの時なぜあんな嘘をついたのか……そしてこれが私の詐欺人生の始まりだったのではないかとも考えてしまうのだ。

小学校は2度転校している。小学校1，2年生は東京で過ごし、3，4，5年生は埼玉で過ごした。理由は祖父の転勤、そして小学校6年生になる年に、母が再婚し私は新しい父親と同居することとなったからだ。

幼少期の私は目立ちたがり屋で、人を笑わせたり、先陣を切って意見を述べたり、何かを表現することが大好きだった。作文を書いたり、朗読をすることも大好きで、先生やクラスのみんなにとても上手だと褒められていた。学級委員を務めたり、学年の代表委員も務めたりもした。派手で目立つ生徒だった。その一方で物凄く臆病な面もあった。幽霊は大嫌い、お化け屋敷は入れない。怒られることが嫌で怖くて仕方なく、大きな物音も大嫌いだった。

小学校3年か4年生の時、某テレビ局主催のお祭りに友人と一緒に出かけた。その時、人気女子アナと一緒に天気予報を伝えるという体験ブースがあって、女子アナの隣で実際に天気予報原稿を読んだ。緊張しながらもスラスラといつものように原稿を読み始める。今となってはお世辞だったことは理解できるが、女子アナの方から「凄く上手だね。将来はアナウンサーになったらどうかな」と言われ、本気でアナウンサーという仕事に憧れたこともあった。その女子アナは当時大人気のアナウンサーで今も芸能界で活躍されている中村江里子さんだった。

テレビ業界には憧れていた。仮面ライダーやスーパー戦隊が大好きで、自分もいつかヒーローになってみたい。歌も大好きで、歌を歌ってみたい。とんねるずが大好きで、いつかこういう面白いことをやってみたい。そんな気持ちはあったが、どうやったらテレビに出られるのかは全くわからなかった。親戚のおばさんが近くに住んでいてよく会っていたのだが、その時「ジャニーズか劇団ひまわりに応募してみたら?」と言ってくれたが、応募の仕方も調べる方法もわからず、家族も特に関心を持ってはくれなかった。

そんな思いを胸に抱えていた小学4年生の時、友人から演劇部に入らないかと誘いを受けた。演劇部に入って演技を勉強して、それからテレビドラマや映画に出られるかもしれない。そんな思いを膨らませた私はふたつ返事で入部。演劇の稽古を積み、体育館で全校児童の前で披露したのを覚えている。作品名は失念したが、凄く楽しかった。小学校5年生の時もそのまま在籍した。

小学校時代、私は刑事もののドラマが大好きだった。柴田恭兵、舘ひろし主演の『あぶない刑事』や水谷豊主演の『刑事貴族』をよく見ていた。それからよく友人のお父さんからビデオカメラを借り、あぶない刑事や刑事貴族ごっこをして主人公になりきり撮影をして遊んでいた。近所にあった廃墟や公園でシーン別に画角を考えながらロケをし、撮影した動画をテレビで見て楽しみ、演劇やテレビの世界にのめり込んでいた。将来は絶対に芸能人になりたいと強く思っていた。

必要なかった新しい家族

小学校5年生の冬休み。突然母親が再婚した。

その関係で住んでいる埼玉から、他県に引越し、学校も転校するという話をされた。急すぎて全くもって理解できない。しかも相手は私が数回会ったことがある「お兄ちゃん」と呼んでいた人だった。お兄ちゃんとは何度か海でバーベキューをしたことと、家に泊まらせてもらったこと、浅草でどじょうを食べに連れてってもらい、食べ過ぎて帰り道に鼻血を出した記憶がある程度だ。

私は泣きながら母と祖父母に「嫌だ、僕はここにいる。おじいちゃんおばあちゃんと暮らす」と伝えたのを今でもはっきり覚えている。正直よく知らない人だし、お兄ちゃんに母親を盗られたような気分になり不安と怒りに苛まれたからだったと思う。それから祖父母のことが大好きだったことと、大切な友人たちからも離れたくなかった。

もう一つの大きな要因は、新しい父親ができるということが不安で、全くピンとこなかったからだ。私はこれまで父親のいない人生を送ってきた。いや父親は天に召していて心の中にいる。天から見守ってくれている。

友人の家に遊びに行くと友人が父親と楽しそうにゲームをしたり、キャッチボールをしたりするのを見ていたが正直羨ましいとは思わなかった。私には今更父親は必要ないと感じていた。咽び泣き、絶対に嫌だと反抗したのだが、私の抵抗は虚しく、母は再婚することになった。

ここから私の人生はどんどん変わり始めていく。

小学校6年生になり、新しい学校へ転校と同時にお兄ちゃん、いや義父と母と私の3人での生活が始まった。ゼロから築く友達関係、それからお兄ちゃんをお父さんと呼ばなくてはならない生活。家では義父に対して敬語。正直窮屈で心を休める場所がどこにもなかった。

義父の実家に連れて行かれた時、親戚に会っても全員知らない人。初めましてに近い人。私はどのように接していいかもわからなかった。年の近い親戚となった子もいたが、距離感が掴めず仲良くなることが凄く難しかった。だから親戚の家に行くと、必ず近くの古本屋へ立ち読みをしに行っていた。そんな孤独の時間が、なんとも言えないくらい心地よかった。

小学校5年生までずっと一緒だった祖父母と離れ、あまりよく知らない義父との暮らし。実の祖父母と暮らしていた時は、テレビを見たり、楽しく会話をしたり、寝る時間についても特に何も言われず、気を遣うことのない自由気ままな生活。

それが180度一変してしまう。まさに地獄の始まりだった。義父は私に対してとても厳しかった。彼のことを悪く言うつもりはないが、あくまで私が肌で感じていたことをそのままの表現で伝えていこうと思う。

義父は自身の考えや経験を押し付ける教育をしていた。義父は子供の頃から文武両道ても優秀だったこと。それから厳しい家庭に躾けられてきたという話をしていた。その経験を私にもさせようとしているのだった。お風呂の掃除からトイレの掃除、料理の手伝い、そして毎日のように勉強しろ、勉強しろ。寝る時間は21時。テレビもろくに見せてくれない。友人と遊びに行っても18時が門限。塾に行きたいと言っても行かせてくれない。学校へ行ってもテレビの話題についていけないから、友達と話も合わすこともできない。今思うと刑務所のような生活を強いられていたように思う。

私が心からやりたいと思うこともやらせてくれなかった。義父に「演劇部に入部しようと思っている」と伝えると、義父は「演劇なんかやるな。男はスポーツをやれ」と頭ごなしに怒鳴る。父親という存在がどういうものなのか、どう接していいのかわからなかった私は、言われるがままに従うしかなかった。口うるさく、細かい指導をする義父のことが怖かったし逆らえなかった。この時点で義父に対して嫌悪感を抱くようになっていく。まだ義父と暮らし始めてから数か月のことだった。

仕方なく私はキックベースクラブへ入部。1年間部長を務めた。私はどうしても人前で何かを表現することをしたかったので、父に反発するように委員会は放送委員会へ入った。運動会の応援団もやった。

日曜日は遊びに行くことができないし、手伝いをさせられるような自宅にいたくなかったので、スポーツをやれという義父の言葉を逆手に私が唯一得意としていた野球をやりたいと伝え承諾してもらった。あまりやりたくはなかったけど家にいるよりマシだったから。内心「ざまあみろ」と思った。義父に対してできる全力の反抗だった。

この頃からズルいことを考えるようになったのかもしれない。門限に遅れた時、わざと自転車で転倒し、けがをして門限に間に合わなかったと嘘をつくようになったり、母に予め義父の帰りが遅いことを確認して夜まで遊んだりなど、義父から怒られないため、義父の目をかいくぐり自分の欲求を叶えるにはどうしたらいいのか、常に義父の顔色を常に窺っていた。祖父母と暮らしていた小学校5年生までの自分とはまた違う考え方になっていくのもなんとなく気が付いていた。

万引き

慣れない義父との生活。ようやく一年が過ぎ中学へ入学した。

私はやはりここでも演劇がやりたかった。今度こそ絶対に演劇をやる、自分自身にそう言い聞かせて義父に話をする。

「僕は演劇がやりたい。演劇部に入部したいと思ってます」

すると義父からは「演劇なんてやるな。中学生はスポーツをやれ」、こう言われてしまった。納得がいかない。小学生の時、言われるままにスポーツをやったじゃないか……、どうして演劇をやらせてくれないのか私は義父に問うた。

「成長期なんだからスポーツやるんだよ」

義父の人生ではない、私は義父の分身でもない、私は私なのに、なぜこの家では私のやりたいことはやらせてもらえないのか……。義父に何かを相談すると、ことごとく全て否定され怒鳴られていた。なぜこんなに怒られるのか理解できなかったし、私は悪いことなど何もしていないはずなのに、私の人権はここにはない、そんな風に感じていたが言いだすことはできず、義父の言いなりになるしかなかった。

中学生になっても家の手伝いをさせられ、勉強勉強と言われ続ける。門限も変わらない。18時には帰宅しろ。時間に遅れると今度はエスカレートし玄関で1時間以上正座をさせられていた。

同じ頃からだろうか、母への暴力が始まった。私は暴力を目の当たりにするも、体も小さく、力もなく、気弱で義父が恐ろしくて止めることはできず、身体を震わせながら耳を塞いでいた。母を助けられず、心から悔しい思いをしていた。

中学では仕方なく野球を始めた。家庭内でのストレスと演劇ができない悔しさを野球にぶつけてみたけれど、レギュラーを取ることはできず、試合にも出られない。やらされるのは1塁のコーチか練習試合の審判。全く面白くもなんともなかった。たまに義父が見に来てくれたが、「補欠だし試合見に行っても意味ないな」とかそんなことを言われた記憶がある。次第に野球に対して情熱がなくなっていく。

中学3年生夏の大会は地区大会優勝、更にその上の大会優勝。正直、毎試合「早く負けてくれ」と思っていた。勝ち続けるのが苦痛だった。そして県大会ベスト8で敗戦した時、みんな悔しくて泣きじゃくっていたが、私は負けて嬉しいという嬉し涙を思い切りこぼしていた。


中学三年生の頃は今思うと心が不安定だった。近所のディスカウントショップで友達と万引きを繰り返すようになっていった。万引きした商品は自転車に取り付けるスピードメーターやステップと呼ばれる自転車を二人乗りする際に使っていた金属の棒、十徳ナイフ、ジッポライターやオイルなどいかにも中学生が欲しがるようなもの。欲しいけど買うお金はなく、また義父に欲しいと伝えても滅多にモノを買ってもらえることもなかった。同時に万引きする時のドキドキ感、緊張感、ゾクゾクしたあの感じがとてつもなく心地よく、盗んだ商品を使用して周りと差がついている自分に優越感を感じていた。

「なんかあったら盗めばいい」そんな気持ちが芽生え始め、ディスカウントショップへ足を運び万引きを繰り返した。

3度目の万引きだった。店を出た瞬間見知らぬ50代の女性に「お金払ってないものあるよね？」と声をかけられた。ヤバい。逃げようとしたその瞬間腕を掴まれ観念した。一緒に万引きしていた友人も見たことがない男性に掴まれていた。

「前にもやってるよね。ずっと目をつけてたんだよ。とりあえずこっちにきなさい」と、50代の女性は険しい顔をしながら腕を掴み私たちを店内の2階にある事務室へ連れて行く。万引きをした時のドキドキ感やゾクゾク感とは違う、震えるような緊張が体中に走る。名前や住所、電話番号、学校名や親の名前色々と聞かれる。

「まず親に連絡するから。それと学校、警察にも連絡する」、そう言われ、身体から血の気が引いた。親に連絡されたら義父からどれだけ怒り散らされるかわからない。下手をすれば殺される……。学校へ連絡されたら先生にも怒られる。警察へ連絡されたら捕まってしまう。

恐怖のあまり「ごめんなさい、ごめんなさい。親、学校、警察は勘弁してください」と言い続けた。テレビの警察24時に出てくる万引きで捕まった犯人と同じような言葉を発していた。自分のことしか考えられなかった。

結局親だけに連絡が行き、友人の母親が身元引受に来てくれた。そして私のことも家まで送ってくれた。家に帰ると母親に「なんで人様のものを盗むの、馬鹿じゃないの」と怒られたが義父には内緒にしてくれた。母には感謝してもしきれないくらい感謝した。

中学1年生の時、突然母から「あなたはお兄ちゃんになるのよ」と言われた。母と義父の間に新しい命を授かったとのことだった。なんだかよくわからなかったし現実を受け止められなかった。それでもお兄ちゃんになるのは悪くない、実際に小さな子供は大好きだったし、友達の弟や妹とよく遊んであげていたこともあったから、生まれてくる赤ちゃんは大切にしたいと思っていた。

しかし……これが私の人生をさらにどん底に落とすこととなるとは、この時、微塵たりとも思わなかった。

赤ちゃんは無事に生まれた。健康で元気な男の子。私に弟ができた。生まれてきたばかりの弟の表情や仕草はとっても可愛く愛おしくて仕方がなかった。弟が成長するにつれてお風呂に一緒に入って遊んだり、キャッチボールしたり、ゲームを一緒にしたり、絵本も読み聞かせていた。いつも抱っこしていたし、弟の「お兄ちゃん」と私を呼ぶ声が嬉しくて仕方なかった。

そして同じように私以上に弟を溺愛する義父の姿が目につくようになっていく。弟が成長するに連れ、義父の弟への溺愛が段々と顕著になっていくのを私は感じていた。最初のうち弟はまだ幼い乳飲み子。私と接し方の区別をされるのは当然だと思っていたが、その考えはある決定的な出来事で私の中で崩れた。

弟がケーキを食べられる年齢になった頃、義父がおみやげにケーキを買ってきたのだが、その中に私の分が入っていなかったことがある。その時は父が怖く何も言えなかった。その時の凄く寂しく虚しい思いを今も忘れることはない。

「この家族に俺なんて必要ないのなら義父と母と弟の三人で暮らせばいいのに。所詮俺は血のつながってない赤の他人」

そんな風に思い始め、義父への憎悪が益々深くなっていった。

公立高校へ入学しても、相変わらず義父に勉強、勉強と口うるさく言われていたので勉強せざるをえなかった。偏差値の低い学校だったので、中学校の頃は勉強のできなかった落ちこぼれの自分でも、この学校の中での成績は少し優秀なほうの部類に属していた。しかし義父はやりたいことを相変わらずやらせてくれない。

原付の免許を取りたいというと「ダメ」だと頭ごなしに怒鳴りつける。アルバイトをしたいというと「ダメ」。ポケベルを持ちたいというと「ダメ」。私は次第に義父に対して中学生の時以上に嘘を重ねるようになった。無断でアルバイトを始め、ポケベルも母に協力してもらい義父には無断で持ち始めた。

決別の日

高校二年の時、大学の経済学部へ進みたいと思った私は、担任の先生との進路相談で大学へ行きたいと伝えた。

「うちの学校の偏差値でお前の今の成績だともう少し頑張れば志望校に行けるだろうから、頑張ってみたらいい」

こんな前向きなことを言ってもらったことはこれまでになかった気がする。私は義父に相談をした。

「え？　大学？　大学なんて行かせないよ。お前は就職だよ」

一生忘れないこの言葉……何よりも傷ついた。あれだけ勉強、勉強、勉強と言われ続け、言われたとおりにやってきて、自分のやりたいことはやらせてくれず……もう我慢の限界だ。私の頭の中でプシューと音が鳴り響き、何かの回路がショートしたような気持ちになった。

「やってらんねえ、もういいや。馬鹿らしい」

そう思った私は、この日を境に学校も不登校になっていく。それまで真面目に過ごしていた日々とは一転、毎晩夜遊びを始めた、たばこを覚え、酒を飲んだ。女の子をナンパし始めたのもこの頃だった。当然自宅に帰ると義父に怒られてはいたが、もうどうでもよかったし、次第に私は義父と話をしなくなっていく。

何にも縛られない生活。毎日何も考えることなく自由。真面目なんてくそくらえ、さすがに夜の校舎の窓ガラスは壊してまわらなかったが……。たまに学校へ行くと先生に呼び出され、お前はこのままだと留年すると言われていた。さすがに留年は避けたかった私は、補習を受けなんとか3年生に進級することができたが、先輩や友人たちともめごとを起こし、次第に地元にはいられないような環境になっていた。

同時に家庭内でも私の居場所がないように思えていた。義父とは全くうまくいかない。弟との差別も強く感じていた。

そして私にとって心を破滅させるような大きな出来事が起きる。

精神崩壊しそうだった私は母に義父の件でとうとう思っていることをぶつけてしまう。

私は母と喧嘩など生まれてこの方したことがなかったのだが、これが母との人生最初で最後の大喧嘩となってしまう。

「なんであの人（義父）と結婚したんだよ。俺は嫌だって言ったのに。お母さんは義父に殴られ文句ばかり言われて見てるのも辛いし、俺は何にもやりたいこともできない。最悪だよ。俺の人生は終わったも同然だよ、お母さんのせいで。なんで俺は不幸なんだよ。本当のお父さんが生きていればこんなことにはならなかったのに。畜生！」

このセリフを母に吐くと同時にバチンという鈍い音が家中を轟かせた。目の前が一瞬真っ白になり母が消えた。段々とヒリヒリとした痛みが頬をつたってくると同時に目を充血させながら涙を浮かべ少し震えた母がぼんやり見えてきた。

「あんたの父親は生きてるんだよ」

確かに母はそう言った。何がなんだかわからなかった。私が幼い頃に交通事故で実の父が亡くなったのは嘘だというのか？　それが本当なら唯一の味方だと思っていた祖父母までが私を騙していたことになる。

気が付くと私は家を飛び出し、祖父母の家へ向かっていた。頭の中は初めて母に叩かれたこと、父親が生きているということ、祖父母にも嘘をつかれていたことで一杯、どうやって祖父母の家に行ったのかすら覚えていない。気が付くと私は祖母と話をしていた。

「おばあちゃん、お母さんから聞いたんだけど俺のお父さんは生きているの？」

率直に聞くと「ごめんね。そうだよ。生きてるはず。離婚したんだよ」そのように告げられた。

「離婚してお前の名前も裁判所で変えたんだよ」「お前のお父さんは見た目が本当にイイ男だったね。優しくてね。お前のことをとっても愛していたのは伝わってたよ。可愛がってたからね。しかし背中に刺青が入っているのを見た時はたまげたけどね」

そんな話は初めて聞いた。不信感しか募らなかった。

「なんで死んだなんて嘘をつくんだよ。お墓まで連れてってくれたじゃないか。あれは何だったんだよ」

祖母は口を噤む。そして「これで勘弁してもらえないだろうか」と言いながら祖母はおもむろに私に2，30万円はあっただろう札束を渡してきた。私は「ふざけるな！」と言い放ち札束を祖母に投げつけた。「ごめんね……ごめんね……」、祖母は泣きながら札束も拾わずに部屋を出て行った。私はひたすら泣き続けた……。

もう誰も信用できない、落ち着いてから自宅へ戻り義父、母に学校を辞める、家を出ることを伝えた。母方の祖父母も自宅へやってきて家族会議をした。結果、私は高校を3年生で中退し、祖父母の家に一旦引き取られることになった。もう誰も信じられないし、本当は祖父母の家にも居たくはなかったが行く宛てもない。ましてや未成年、仕方なく受け入れるしかなかった。

こうして祖父母の家に戻って以降、仕事を転々とした。ガソリンスタンドのスタッフ、防水工事、建設現場作業員、とび職においては仕事がきつすぎたのと、厳しすぎる親方にうんざりして1週間で飛んだ（無断でやめること）。工場で自動販売機も作ったし、居酒屋では正社員としても働いた。それと同時に、とっかえひっかえ女の子と遊び呆けていた。

それでも私は役者になる夢を捨てることはなかった。本屋に行っては毎月オーディション雑誌を購入し、色々なオーディションに履歴書を送り続けていた。拾ってもらえる事務所もあったが、どこもレッスン料がかかる事務所で、私の収入ではとてもじゃないけど払えるものではなかった。それでも安いレッスン料の事務所で演技指導を受けたり、Vシネマのエキストラをしたり、役者としての活動を続けていた。

収入を増やしたかった私は、夜の世界に飛び込んだ。歌舞伎町から始まり、六本木のサパークラブでは入店してすぐに人気者になった。煌びやかな夜の世界は私を魅了した。高級時計にかばん、スーツ、アクセサリー、飛び交う現金。派手な暮らしをしている人たちを目の当たりにして、羨望の眼差しでお客様を見ながら仕事をしていた。

転機が訪れたのは、サパークラブで働いていた頃だった。

男性のお客様から「昼間の仕事で50万円から100万円程稼げる仕事がある。人生逆転できる。よかったらやってみないか？」と言われたことがきっかけだった。

「どんな仕事なんですか？　僕は学歴もなく特技もありませんし、頭も悪いです」と伝えると、その男性のお客様は「大丈夫、知り合いのところだし、融通利かせるから。身分証明書のコピーさえあれば履歴書もいらないよ。金融の仕事だから」と、そんな風に言われすぐに来てくれとのことだった。

私は勤務していたサパークラブへ辞めるということが言い出せず「海外でエキストラの仕事が決まったので一か月休ませてください」このように嘘を言い、そのまま店を飛んだ。

この選択が間違いの始まりだったことにはまだ気が付いていなかった……。

2章 詐欺師になるのは簡単だった

詐欺師になってしまった日

降りたった駅はファミリー向けのマンションが建ち並ぶ川崎市内のベッドタウン。こんなところに会社があるのか不審に感じたが、私はスーツを着て初出勤した。

指定された場所へ行くと同じ年くらいの男性が迎えに来ていた。

「あっ、どうも。ご案内します」。そう言って連れていかれたのは、駅から徒歩5分程度のオフィスビルでもなんでもないマンション。中に入ると3LDKの間取りで、リビングには応接間のようなソファーとテーブル、その上には大量の吸い殻が入った灰皿。隣の部屋には、折り畳み式の長机と椅子、パソコンと固定電話が2台、ファックスが1台。大量の書類と携帯電話が置いてあった。

「あ、こっちの部屋には入らないでくださいね」

玄関からすぐ右手の部屋には入らないでくれと指示があった。事務所には、50代くらいのおじさんが2人。2人とも笑顔は優しいが、強面の顔でスーツをビシッと着用していた。

「とりあえず仕事の内容説明するのもアレなんで見ていてください。そのほうが流れとかすぐに覚えると思います。今マニュアルとか見てもわからないと思うので」

同年代くらいの男性に言われるがまま、私は仕事の様子を真剣に見ていた。

固定電話が鳴る。

「お電話ありがとうございます。住友第一信販でございます」。同じ年くらいの男性が電話に出る。「ご融資の件ですよね。はい、大丈夫です。預託のほう確認とれておりますので、このあと協会に融資の実行許可を頂いて、すぐに御社の口座にご融資いたしますので、確認とれましたらまたご連絡いたします。そうですね……15分くらいだと思います。失礼します」

何も見ることも読むこともなく、流暢に話を進め電話を切る男性。

〈凄いな。仕事めちゃくちゃできるんだな〉そう感心していた。電話の男はソファーでたばこを一服し、吸い終わると、今度は電話をかけ始めた。

「もしもし……住友第一信販の山本です。お世話になっております。ただいま、融資の実行許可を頂くために金融協会へ手続きしたところ、金融協会のほうから、融資実行許可が下りなかったんですよね。社長……参りました。御社の状況を考えると、この預託では担保として成立しない、そして返済能力がないのではないかと突っ込まれてしまって……。返済能力の確認として、先ほど預託頂いた毎月の返済金額の6か月分をもう一度弊社の銀行口座に入金して頂いて、その明細書をファックスで送付して頂けませんでしょうか。そうしましたら、協会のほうに弊社がすぐに確認をとりまして、融資実行許可を頂き、今回ご入金頂いた金額に関しては、融資金と一緒にご返金させて頂きますので、このお手続きだけなんとかお願いできますでしょうか」

こう告げて男は電話を切った。

あれ⁉ 何かがおかしい……。さっきまでタバコを吸っていたのに……。誰とも話などしていなかったのに。お金を要求している。どういうことだ……。金融の仕事？ なんなんだ……。

ここで初めて理解した。この仕事は企業に低金利、無担保でお金を融資するとファックスでDMを送り、融資の際に保証金を要求する「融資保証金詐欺」だったことに。

ここでやめていればよかったものの、最初の段階で身分証明書のコピーを取られ、反社会的勢力の名称もチラホラ出され、下手に逃げられない……。紹介してくれた人の顔も潰せない。そう思った私は、このまま詐欺を続けることになる。

その日から目の前で、毎日数百万円の現金を数える現場を見る。仕事（詐欺）が終わると豪華な食事やキャバクラに連れて行ってもらい高級シャンパンを開け、同い年くらいの綺麗な女の子との時間を楽しむようになった。「仕事なにしてるの？」と女の子に聞かれると調子に乗った様子で「あ、俺？　不動産」と簡単に嘘をつくようになってしまう。給料日（報酬の支払日）には目の前でパンパンの現金が入った封筒が渡される。時間が経つにつれて、私はお金の魔力に憑りつかれてしまったが、最初の2か月間は仕事を覚えるまでの「研修」という形で私の報酬は20万円だった。

研修期間が終わり、別の詐欺グループと合流し同じ融資保証金詐欺を行った。場所はマンションではなく別の事務所。ペーパーカンパニーの名義で借りたようだった。事務所の中には、オフィスデスクが10個並んでいて、一人一台固定電話機が目の前にあった。メンバーは11人。年齢は皆私と同じくらいの男ばかり。繋がりを聞いてみるとどうやら地元の不良グループの先輩後輩で成り立っているとのことだった。二人一組になり、5社の嘘の金融会社を語り、詐欺を行った。

不良グループのメンバーは若いが全員羽振りがとてもよかった。高級車に乗り、高級時計をつけてブランドものの服を買い漁っていた。上層部の人間はかけ子のメンバーへ相当な還元をしていた。平均して月に１００万円以上。中には５００万円の収入を得ている者もいたが、私の上層部はまた別の人間だったため、そのメンバーと同じような報酬は全くもらえず、いくら売り上げを上げても30万円程にしかならなかった。

なぜなのか……私は上に話をしてみたが、上の人間は「経費が色々かかりすぎている。それを回収するのにどうしてもこの金額になってしまう。あと、将来的にこういう詐欺はすぐに辞めて、会社を起こして君を社長という立場にしたい。そのためにお金をプールしている」と言って聞き入れてもらえなかった。そんな話は最初に一言もなかったが、若かった私は素直に引き下がり、そしてうまく口車に乗せられながら、上の人間を信じて詐欺を行っていた。

警察に怯える生活

融資保証金詐欺を行っている間、警察に捕まるのではないか……そんな場面が多々あった。当時、詐欺の事務所は約２～３か月に一度必ず引っ越していた。

その時のエピソード。

お客さん（被害者）からお金がまだ取れると判断した時のこと。レンタカーを借り、名簿や顧客リスト、飛ばしの携帯電話、モバイルファックスを積み込み、高速道路を走らせながら詐欺をしていたことがある。

東名高速道路や常磐道をひたすら走り、詐欺の電話をかけていた。お客さんと話をしている時、車がトンネルに差し掛かるとどうしても電波が悪くなり通話が途切れてしまうことがある。お客さんからすれば、市外局番東京03の固定電話に通話しているのにどうして通話が切れてしまうのだろうと不審に思う。このからくりは、転送電話サービスというものがあり、03から始まる電話番号を業者から借りて、その借りた電話番号を飛ばしの携帯電話（他人名義の電話機）に転送してもらえる仕組みになっている。私は電話が途切れた時に「すみません、電話の回線工事が入ってまして、本日電話が途切れ途切れになってしまうみたいです」とお客さんに伝えていた。

レンタカーを走らせている時、渋滞にはまり運転手がブレーキ操作を誤って、前の車に軽くぶつけて事故を起こしてしまったことがあった。ここで警察を呼ばれてしまったら……もし積んであるものが全て警察に見られてしまったら……現行犯で捕まる可能性もある。それを防ぐために、示談で話を終わらせ、「こんなにいいんですか？　ありがとうございます」とお礼を言われ、何事もなく事故を処理したこともあった。

朝から晩までレンタカーの車内で詐欺を行い、夕方6時に各グループの車がとある公園の前に集合することになっていた時のこと。私のグループは30分程早く到着してしまった。運転手が「タバコを吸いに行く」と言い、私は助手席でその帰りを待っていたが、ここでなんだか嫌な予感がした。車内は飛ばしの携帯電話、名簿、顧客の資料が散らばっていたため、直感を信じて慌ててそれらを片づけて足元にまとめて車外からは全く見えないようにした。そして、車のシートを倒し、少し休んでいる態を装っていると……運転席側のドアミラーにゆっくりと映り込むセダンを確認できた。暗かったので最初はわからなかったが、よく見るとパトカーだった。

時速5キロくらいだっただろうか。ゆっくり近づくパトカー、私は思わず目をつむり寝たふりをしながら、薄目を開けていた。するとそのパトカーは私が乗っていた車に横づけをしてビタッと停車した。

「あ、終わった……」

心臓が飛び出るくらいバクバクしている。こんな緊張感は初めてだった。警察に窓をノックされたら人生が終了する。そんな風に思っていた矢先……パトカーはゆっくりと前進し、通過していった。タバコを吸っていた運転手が車へ戻ってくると「お前もう終わったと思ったよ」と笑みを浮かべながら言ったが私は数分笑うことができなかった。

絶対に身内しかわからない飛ばしの携帯電話がストップしたこともあった。携帯電話のキャリアに確認をすると、とある機関からこの電話をストップするように言われたと言っていた。恐らく全てお見通しなのだろう。私たちは直ぐに事務所を退去、電話を壊し川に投げ捨て、登記していた会社も飛ばした。

こんな風に、常に警察に怯える生活。

詐欺事務所のインターフォンが鳴ると「警察か？」と勘ぐる日々が続いたが、その日がとうとうやってきてしまう。インターフォンが鳴り、モニターを確認すると制服の警察官が立っている。

「終わったか……」

でも話してみないとわからない。私は恐る恐るモニターの通話ボタンを押した。私が「はい」と言うと警察官は間髪入れずに口を開いた。

「警察のものですが、最近引っ越しされてきましたか？　巡回連絡カードの記入をお願いしたいのですが」

当時の私は巡回連絡カードなんて聞いたことがなかった。持ち前のとっさの判断ですぐに警察官にこう告げた。

「実はここの部屋の住人が今出かけていて、自分は友人なんです。なのでよくわからないので、また後日来てもらえますか。一応警察の方が来たことは伝えるので」

警察官は「わかりました。お願いしますね」と私に言いおいて帰ったが、私の心臓は飛び出るくらいバクバクで過呼吸を起こしそうだった。

毎日、毎日警察に捕まるのではないかと考えるようになった。気も休まることもなく、お金ももらえない。馬鹿らしい。私は約2年半から3年続けた詐欺を辞め、もう一度自分の夢だった役者、芸能界を目指そうと決め、幹部の反対を押切り詐欺グループを脱退した。

夢を取るか彼女との幸せを取るか

詐欺グループを抜けた私は、再び芸能界を目指した。偶然にアルバイト先で知り合った芸能事務所の社長に声を掛けられ、私はその芸能事務所に所属することになった。社長から「役者よりもお笑いをやってみないか、うちはバラエティ番組に強いからたくさんのオーディションを君に振ることができる。お笑いで売れてからでも役者はできるから」そう勧められた私は、漫才コンビを組み、お笑い芸人として生きることとなった。

小さな劇場でライブに出演、テレビ局へお笑い番組のオーデションに行っては落ちていたし、お金もなく生活も豊かではなかったが、詐欺をやっている時に比べたら、凄く充実した生活だった。

その頃、私は彼女と同棲していた。彼女は私が芸能界で成功するという夢を心から応援してくれていた。約2年ほど同棲しながら芸能活動を続けていたが、彼女から突然結婚の申し出をされた。

「結婚したい、子供も欲しい。もし結婚してくれないのなら、もう別れたい。私も夢を叶えたい」

もし結婚して、子供ができるのならしっかり働いでお金を稼がなくてはならない。家族を食べさせなくてはならない。このまま芸人を続けていてもそれは不可能。しかし芸能界の夢も諦めきれない……。仕事をすると言っても私には学歴もなく、何の資格もとりえもない。これまで私が夢に向かう姿を一生懸命支えてくれた彼女をも手放したくない。

芸能界の夢と彼女……どっちを取るか……悩んだ末に私は彼女との幸せを選んだ。

こうして私は結婚した。29才の時だった。自分が家庭を持つなんて今まで全く考えていなかった。ここからどうやって家庭を守っていったらいいのか……やはりお金が必要だと私は考えていた。妻には芸人時代からいつもこんな話をしていた。

「いつか広い家に住んで、犬がいて、車があっていつでも好きな時にどこでも行けるようにして、好きな服を買ってあげれて、おいしいものを週に一度は食べに行く。海外旅行もたくさん行けるようにして、幸せな生活を一緒にしよう。俺は成功して必ず叶えるから」

そもそも私が芸能界を目指した理由は、人前で何かをやることがとても楽しいということ、そして喜んでもらえることが嬉しいと感じること、それと同時に芸能界で活躍する人たちの派手な暮らしぶりに憧れていたからでもあった。

仕事をどうしようか考えていた時、以前一緒に詐欺をやっていた人間から連絡が入った。

「未公開株や社債を売る仕事がある。月に１００万円は稼げる。詐欺ではなく真っ当な仕事だからよかったらやってみないか」

お金を稼がないといけない……。よしやってみよう。

そう決意した私は、未公開株式の販売の仕事に就くこととなった。ひたすら毎日名簿を見ながらアポ電を掛けていき、未公開株を売りさばいた。2か月目で120万円を稼いだ。初めてこんな大金を掴んだ。本当に嬉しかったが、その仕事はいつしか真っ当な仕事ではなくなっていく。未公開株が売れなくなってくると、マッチポンプという手法を使い未公開株を売るようになっていった。

マッチポンプの仕組みを簡単に説明すると、こういうことだ。

Aという未公開株を販売している会社がある。BというAの未公開株を欲しがっている会社がある。Bがターゲットとなる被害者へ電話をし、「ご自宅にAという会社のパンフレットが来ていませんか。そのパンフレットをお持ちの方ではないと、未公開株が購入できないんです。1株あたり40万円で販売されているのですが、もしあなたがその株を買って弊社に売って頂けるのなら、80万円で買い取ります」。このような電話を何度も何度も会社名を変えてターゲットへ掛け続ける。ターゲットがその気になったタイミングでパンフレットを送りつける。そして、ターゲットが未公開株式を購入するも、Bという会社は理由をつけて更に買い増しを迫ったり、未公開株式の買い取り日程を先延ばしにしたり、譲渡制限がついているから買取ができないなどと様々な理由をつけて結局買い取らず、「上場したらとんでもない金額になるのでそのまま持っておいたほうがいいですよ」とターゲットに伝え保有を勧めていく。

AとBの繋がりさえ警察に発覚することがなければ、詐欺を証明することは難しい。その盲点を突いた質の悪い詐欺だった。したがって、Aという未公開株式を販売している会社の事務所と、Bという未公開株式を欲しがる会社の事務所は別々に作られ、その事務所同士の人間がお互いに顔を合わせることはなかったが、飛ばしの携帯電話と、ファックスでターゲットとなる被害者のリストを共有し販売していた。

この頃、私は完全に仕事と割り切っていた。詐欺という罪の意識を薄れさせるよう、自分自身に対して「これは仕事だ、全てはお金のため」、そう言い聞かせて来る日も来る日も電話をかけ続けていった。

とにかく売り上げを上げたい。未公開株や社債に全く詳しくなかった私は、ネットを見ながら投資をしている人がどんな話をすれば喜ぶのか、時事ネタや毎日の日経平均株価、海外マーケットの情報収集をかかさず行い、日々知識をつけていった。

売り上げは徐々に上がっていったが、私の月の平均の報酬は約30~40万円程度だった。全くもって稼げてはいないのだが、それでも詐欺をやり続けたのは、私が今普通に働いてその金額を稼ぐことができる職業に就ける自信がなかったこと。そして「仕事ができる男」と思われてとても居心地がよかったこと。更にかけ子の詐欺師同士の仲も良く、仕事の時間が終わると、稼いでる人間が飲みに連れて行ってくれたりもした。

新宿・歌舞伎町を始めとして、上野の仲町通りなどに飲みに行っていたが、女の子のお店で派手に遊び悪ノリして、そのお店を出入り禁止になったこともあった。

詐欺師時代、私は子を授かりパパになった。生まれてきた子供のためにも頑張ってお金を稼がなくてはならない。ますます仕事に打ち込まなくては……そのような使命感に駆られた。平日は高齢者を電話で騙し続け、週末は家族で何事もなかったように過ごし、いたって普通のパパを演じていた。

詐欺をしていることは妻にはもちろんのこと、私の家族や兄弟、妻の家族や兄弟にも一切話すことはなかった。たまに仕事のことを聞かれることがあった。最初の頃は、不動産会社の店舗専門部門に勤めていると説明をしていたが、時折不動産の件で相談を持ち掛けられることが多くなってきたので、嘘がめくれて（バレること）しまうことを恐れた私は不動産を辞めて、友人の会社でパソコンのソフトを売る営業をしていると説明した。

そんな日々の中でも、いつかは必ず悪いことをやめて真っ当な仕事をやりたい、その気持ちだけは常に消えることはなかった。

33歳くらいの時だった。グループの人間と反りが合わず、またお金も少し貯まっていたので、詐欺を辞め自分がずっとやりたかった「輸入雑貨販売」の仕事を始めることとなった。なぜ輸入雑貨の販売をしたかったか。その理由は、20代前半の頃、私は海外旅行に行く機会がたくさんあり、行った先々の国での新しい発見やかわいい雑貨との出会い、飛行機に搭乗する時のわくわく感、異国の風がとても心地よく、芸能界で成功する夢と同じくらい、いつか海外を飛び回りながら仕事がしたいと考えていたからだ。

韓国・ソウルへも行った。韓国語も読めない話せないまま一人で日本で売れそうな商品を探しに行った。とても刺激的だった。詐欺をやっている時には全く味わったことのない別の緊張感。全てが楽しい。南大門市場や東大門市場といったソウル屈指の問屋街を周りながら商品を買い付け帰国。日本でネット販売したところ完売。このビジネスは行ける。

そう確信したのも束の間……。3，4か月もすると段々と売り上げも落ちてくる。生活費もろくに稼げなくなってきてしまった。このままでは破綻してしまう。

どうしようと考えていた矢先……私のスマホに電話が鳴った。以前一緒に詐欺をやっていた人間からだった。

再び詐欺師の道へ

「メシでも行きませんか？」

私はなんのためらいもなくその人間と食事に行った。その食事の席が私の人生を大きく変える席だとはこの時思いもよらなかった。食事の席へ行くと、その男はキラキラとダイヤモンドが輝く羽振りのいい時計をつけて現れた。最初はお酒を飲みながら雑談をしていたが、次第に仕事の話になっていった。その中で私が「今なんの仕事をしているのか」と聞くと男は笑顔でこのように答えた。

「老人ホームの入居権名義貸しトラブル名目でお金を騙し取る詐欺ですよ。今僕のグループでは月に3000万円とか売り上げが上がってます。他のグループも4000万円とか5000万円とか上がってますよ」

その男はマニュアルを持っていて、自分の掛け子グループを持ち、人も雇い詐欺をさせていた。

「仕事何やってるんですか？」

そう男にきかれ、私は輸入販売の仕事をしていることを伝えた。

「よかったら今度そのスキーム教えてくださいね。面白そうじゃないですか」

男は余裕のある笑顔でそう答える。

「お金に困ってるんですよね……よければこのスキーム教えましょうか。人（かけ子）さえ集めればできちゃいますよ。月に手元に残る金額だけでも900万とか1200万円とか残るんで一瞬で金貯まりますし」

私はその話を一度保留し、持ち帰り考えた。

また悪いことをするのか……でもお金が必要だ……。お金があればなんでもできる。今度こそ大金を手に入れて人生を変える。自分のために、家族のために。

そう考えた私は、その男の詐欺事務所へ行き、実際にマニュアルや電話しているところなどを見せてもらった。「これはいけるな」。そう確信した私は、詐欺をやることを決めた。

そして詐欺のマニュアルをもらったお礼に、毎回の入金の10％を支払うことを約束した。

その折、実は詐欺のマニュアルだけをもらったわけではない。詐欺をする事務所を借りてくれる悪徳不動産屋や、被害者からお金を受け取るための出し子、受け子のグループの統括。他人名義のＩＰ電話の手配など、色々と紹介をしてもらった。

私は以前一緒に詐欺をしていた人間に声をかけた。するとその人間は話に乗ってくれた。そして更に二人の人間が集まり、老人ホームの入居権名義貸しトラブル解決名目による詐欺が始まることになる。

次に紹介するのが老人ホームの入居権名義貸しトラブル解決名目による詐欺の手口だ。

Ａという老人ホーム。Ｂという老人ホームの入居権が欲しい会社がある。Ｃという被害者がいる。始めに、ＢがＣに電話をかける。

「Ｃさん、あなたは老人ホームの入居の権利を持っている。もし老人ホームに興味がないということであれば、老人ホームに入居したくても権利がなく入居できない方々のために入居権利を譲ってもらえませんか。ただ、Ｃさんの名前ではないと購入ができないので、購入費用や申し込みなどは全て弊社が行いますから、Ｃさんは老人ホームからかかってくる電話の受け答えだけをお願いしたいです。もちろん謝礼はお支払いさせて頂きます」

それから、A老人ホームがCさんに対し、今回1500万円の入居権のお申し込みを頂きありがとうございます。つきましては入居審査をさせて頂きますので簡単な質問にお答えいただけますかと話をしていく。

その質問内容とは、「Cさんの資産状況」。入居審査のために資産情報が必要となることを告げ、金融機関にいくら預貯金があるか、生命保険は掛けているのか、現金で自宅にいくら持っているのか、車の有無、ゴールドバーなどの有無、全てを聞き出しCさんからいくらお金が詐取できるかをここではじき出し、審査に無事通過したこと、ご入金をお待ちしておりますとCさんに伝える。B（老人ホームの入居権を欲しい会社）がCさんに電話を入れ、A老人ホームに振込で入金したことを伝える。ここからCさんに暗雲が立ち込める。騙しのポイントはここから始まっていくからだ。

A老人ホームがCさんに対して「ご入金ありがとうございました。確認が取れましたが、一点だけご質問よろしいですか？　ご入金の金額は1500万円で間違いないのですが……振込名がB社となっていたので……これってどこか投資されていた会社から直接お振込み頂くように指示されたっていう認識で大丈夫ですよね……まぁそれなら全く問題ないです」と伝え、Cさんに回答をさせず一方的に話を進めて電話を切ってしまう。

その後、A老人ホームからCさんに電話を入れて「この振込名義人のB社について調査させて頂いたのですが、この会社は私たちの老人ホームの入居権を不正に取得しようとする業者ということが判明しました。Cさんもこの B社とグルだったのですね。これは詐欺事件に値しますので、警察へ被害届を出すと同時に、民事訴訟でもCさんとB社を訴えさせて頂きます」と伝えCさんにパニックを起こさせる。CさんはB社と言い合いをし、A老人ホームへは弁解をするという構図が出来上がる。

A老人ホームはCさんをしっかりと話を詰めるが、最終的にはCさんの話に耳を傾け、「Cさんは被害者だったのですね」とCさん側に味方をする。そして全面的にB社に責任があることで話を収束し一旦安心させる。だが……ここで一つ問題があることをA老人ホームはCさんへ告げる。

「今回の一件はCさんに非がないことは理解できましたが、Cさんからの1500万円の老人ホーム入居権お申込書は頂いていて、入金もB社からあり、この事実は当老人ホームに記録として残ってしまいます。月に一度の厚生労働省の監査が入ってしまった時に、この事実を隠ぺいすることはできません。厚生労働省側が明らかに詐欺事件立件してくださいと命令を下してきたら私たちは逆らうことができず、Cさんを訴えなくてはなりません。そうするとCさんは逮捕され、不本意ながらCさんに対し損害賠償請求をしなくてはならなくなってしまいます」

あくまで厚生労働省は国の機関、国には逆らえないことをCさんへ理解させる。そして、A老人ホームとしてはCさんを守りたい。どうにか今回の件を穏便に解決させていきたいという思いをCさんに伝えていく。そしてここで、A老人ホームの顧問弁護士が登場する。この顧問弁護士は国会議員の顧問弁護士も務めている大物ベテラン弁護士として紹介され、柔らかい物腰かつ、威厳のある話し方でまるで老人の声のように聞こえる話し方に声を変えて私が対応していた。

「どうも、弁護士の〇〇だけれども、今回は大変だったね……まぁでも大丈夫。私が全て解決するから。安心してかまわないから」と優しいトーンでCさんに話しかける。そして弁護士から解決方法を提案する。

その解決方法とは、こうだ。

「結論から伝えると、Cさんが1500万円の入居権を一度購入していただいて領収書を発行、そして一か月後に解約をし、ご入金頂いた金額を全額Cさんへ返金すれば今回の件は丸く収まります。今回の問題は申込書の名義と振込名義人に相違があるということ、またその振込名義人が私たちの入居権を不正に取得しようとしている業者であることの2つです。この部分を払拭するには、Cさんが本当に購入すれば問題はなくなります。Cさんは老人ホーム入居審査にも合格していますから、何の問題もなくなります。ただし、今回は二重の振込を防ぐために直接現金でのやりとりとさせてください。あくまで通常取引とは違うケースだということを認識して頂き、厚生労働省にも発覚しないようにうまく取引をする必要がありますから」

その後、金融機関からお金を引き出させるのだが、高齢者に金融機関の窓口で現金を引き出させると、窓口の行員に止められるケースが多く、警察を呼ばれて騙されたフリ作戦を実行され受け子が捕まってしまうケースになりかねない。また、金融機関ATMで現金を引き出させようとしても1日あたり50万円しか引き出せず、たとえ1500万円をCさんが持っていたとしても時間がかかりすぎる。

そこで、某大手銀行が採用している「生体認証付き銀行口座」を新規開設させ、その口座へ既存の口座からお金の移し替えを行い、生体認証付き口座から現金を引き出させた。なぜなら、生体認証つき銀行口座はキャッシュカードで一日あたり1000万円引き出すことができるからだ。引き出させた現金は、宅配便で弁護士事務所という体の住所へ送付してもらったり、あるいは直接Cさんの自宅へ弁護士事務所の事務員を装って受け子の人間に受け取りを依頼していた。

このような手口で老人ホームの入居権名義貸しトラブル解決名目による詐欺を行っていた。

特殊詐欺主犯格として月の報酬は最高で2000万円

「とりあえずシャンパン！　金ならいくらでもあるから！」

エルメス製の財布に入りきらない札束を茶封筒に入れキャバクラの女の子に見せびらかす。「え、凄いんだけど！」と、驚きと羨望の眼差しで、可愛い女の子が私の体を触りながら見てくる。閉店後のアフターで一緒に飲みに行きイチャイチャ、帰り際にタクシー代1万円を女の子に手渡し自身もタクシーで自宅へ帰宅……全て高齢者から騙し取ったカネだが、それを湯水のごとく遣い、幸せの絶頂を感じていた。

これまでの詐欺師人生とは180度違う。特殊詐欺主犯格に成り上がり、自身の憧れだったセレブ生活が実現した。お金に縛られない、お金を気にしない生活を実現させた。当時の月の報酬は最高で2000万円、正直笑いが止まらなかった。お金を遣っても遣っても減ることがなく、むしろ増える一方だ。まるで打ち出の小槌を手に入れたようだった。

車を持ち、広い家に住み、犬を家族に迎える。週末は家族でブランド品や家電、洋服に子供のおもちゃなどショッピング、高級ステーキや高級寿司、焼肉、カニ、高級イタリアンなどグルメを満喫。思い立ったらすぐに大阪や沖縄などの国内旅行、海外にも遊びに行った。

逆にお金を遣わなくなったこともある。それまでやっていたパチンコやスロットはしなくなっていった。詐欺をすれば一発で100万200万のカネが入ってくる。勝ってもたかだか2，3万円のギャンブルが馬鹿らしく時間の無駄と感じるようになっていた。これまでの金銭感覚が明らかに狂っていくのに自分でも気が付いていたが、この生活をやめたくない、もっともっとカネが必要だ。この金額では満足できない。そう言い聞かせながら高齢者から騙し取ることをやめることはなかった。

しかし、ある程度お金が貯まり、女の子遊びやセレブ生活にも飽きがやってくる。正確には飽きというよりもお金を無駄に遣うことがもったいないと感じるようになってきた。

キャバクラに行っても面白くない、風俗へ行ってもなんだか虚しいだけ。ブランド品には興味がなくなり、食事も高いものではなく美味しいものならなんでもいい。お金を遣って自身の欲望を全て満たしても、どこか心の隙間が埋まらないことに気が付いていく。

その心の隙間が何なのか当時は全くわからなかったが、今思うと薄々気づいていたように思う。欲求は満たされても精神的満足が欠如していた。

詐欺の主犯格をやるのと同時に、並行して輸入雑貨の販売業を再開した。韓国へ雑貨の買い付けに一人で訪れ、ソウルの問屋街を歩き回った。その時の心情はなぜか、詐欺をしている時とは全くの真逆で、お客様の笑顔が浮かび、欲しいと思う商品はどれだろうと想像し、お客様のためを思いながら、1日16時間程外を歩きっぱなし。色々な商品を見て回り「これは売れる」と直感するものを買い付けていた時間だった。

足は棒になり疲労は限界に達するもこの時だけはどこか心地よい気持ちでいられた。買い付けに使用したお金はもちろん詐欺で得たお金だった。韓国へ現金で毎回100万円程持って行きウォンに両替、そのお金で商品を買い付け日本へ送り、インターネットで販売をしていた。商品は売れに売れた。金回りがいい時って何してもうまくいくんだなと心底感じた時でもあった。

インターネットでの収入は口座に入ってくる。自分で特に意識したことはなかったのだが、詐欺で得た日本円をウォンに替えて商品を購入し、その商品を販売し日本円で自身の口座に振り込ませることでマネーロンダリング的なことを自然にやっていた。

それまで現金で管理していた詐取金を口座で管理することもでき、お金もどんどん増えていく。口座引き落としのクレジットカード決済もできるようになったので、某有名外資系企業が発行するプラチナカードを手に入れステータスを満喫していた。輸入雑貨の販売もうまく回り始めて、株式会社を設立しようとも考えていた。

その頃ちょうど詐欺のメンバーともあまりうまくいっていなかったし、お金も貯まりなんとなく詐欺をやめたい、真っ当に会社の社長として生きてみたいと思い始めたからだった。ただ、なかなか行動に起こせずにいたのは、やはり月に数百万以上のお金が楽に入ってくることを捨てる勇気が私にはなかったからだった。一度美味しい蜜を吸うと中々抜けられないというが、まんまとその言葉に操られるかのように自分の意思で詐欺を辞めるということを決断できなかった。

逮捕の時……

２０１５年、私の詐欺師人生にとうとう終わりを告げる時がやってくる。

ある日の夕方、高齢者を騙し入金、今日はもう仕事終わりにして飲みにでも行くか。そう思った私は後輩と一緒に〈のどぐろ〉のおいしいお店へ酒を飲みに行った。後輩とこの後はキャバクラでも行くかと談笑していた時、突然8台持っていた携帯電話のうちの一本が鳴った。今回の詐欺マニュアルを渡してくれた人間からだった。

「ちょっと嫌な報告なんですが、うちのグループの掛け子の人間が朝から連絡がとれないんです、全員。携帯電話も最初は繋がっていたのですが、今は電源が切られています。恐らくガサが入ったのではないかと思います。自分は他の部隊も持っているので、そっちのほう今大急ぎで片づけています。なので一旦事務所撤退して全部片づけたほうがよいかと思って連絡しました。受け子か出し子のほうから内偵が入っているとしたら、同じ出し子、受け子のグループ使っているので危険です」

アルコールが体内で冷や汗に変わるのがわかった。酔いは一瞬で冷め、血の気が一気に引いた感じがした。後輩にはちょっと急な仕事が入ったからまた今度にしようと告げ、その場を後にし、慌てて私の詐欺グループの仲間に電話を入れ、先ほどの内容をそのまま伝え、これから一度集合し会議を開くとを伝えた。

約2時間後全員集合、車を走らせながら会議をした。私は内偵が入っているかもしれない。明日警察がガサ入れに来る可能性もある。今すぐに一旦詐欺事務所を全て片づけてパソコンや電話、名簿などを処分しようと提案したのだが、他の仲間に反対された。その理由は、まだ未清算の給与分があったからだ。ちょうどその時受け子のグループリーダーから、リスク対策のためお金の清算は週1回とか2週間に1回にしませんかと提案をされていたからだ。グループのメンバーはそれが気に食わなかったらしく、また私がそのお金を持ち逃げするのではないかと疑心暗鬼になっていたようだった。

結局はお金だけで繋がっているいびつな絆。信用など一切なかったのだと思う。私は、危険な状態だということをしっかりアピールした上で、ひとまず明日の朝一で事務所の電話やパソコンなどを処分すると決めた。そして反対した従業員には、時間を見計らい、張り込みをしているかもしれない警察の動きなども見ながら昼前でもいいから事務所に来て手伝って欲しいと伝えた。渋々ふてくされた表情を浮かべながら、納得のいかない様子でメンバーはわかったと返事をした。

翌朝、私ともう一人のメンバーは事務所へ向かった。周りに警察が張っていないかどうかを確認しながら事務所内へ入りすぐに片づけを始めた。正直このまま捕まるのかもしれない、本当にまずい状況なのではないかと、内心戦々恐々としていた。ノートパソコンを破壊、中のハードディスクを水に浸してさらに破壊。電話機も破壊、残っていた紙の名簿はシュレッダー、焦りながら作業を進めていたその時、事務所を準備してくれた不動産屋と繋がっている携帯電話に留守電が入っていることに気が付いた。

留守電の内容を再生すると、「さっき管理会社に警察から問い合わせがあったと連絡が入った。その家の中で何が行われているのと聞かれてしまったよ。もう引き上げたほうがいい。とっとと片づけないとまずい事態になる」。昨日の夕方の時間に留守電が入っていた。ここで確信した。やはりこちらにも内偵捜査が入っている。もうすぐ警察がやってくる可能性が高い。

早く片づけなければ……。そう思っていた矢先のことだった……。多数の人の足音がバタバタバタと鳴り響き事務所の外側にあるルーフバルコニーを囲いこむような感じがした。

だが、カーテンを閉め切りにしていたので外の様子は確認できない。何かがおかしい。そう思った次の瞬間、今度は玄関からガチャガチャとドアをゆするような音が聞こえた。そして鍵を開けられドアが開いたが、内側のドアロックにより半開きになった。その隙間から怒号が鳴り響く。

「警察だ。警察だ」

私は「ヤバい」と思わず叫んだ。もう一人のメンバーは察してあきらめたのかたばこに火をつけだした。ウイイイイイン……ギリギリギリギリ……玄関の方向から聞こえてくる気持ちの悪い音。目をやると鉄で作られた内側のドアチェーンをサンダーで切る音が聞こえ、火花が飛び散っている。

「あぁ……終わった……」

そう思った瞬間、扉が開き数十人の捜査員が一斉に部屋に押し入ってきた。

「警察だ、おとなしくしろ。動くな」

私は最期の力を振り絞るかのように部屋の片隅に逃げ込み、体を丸くし、抵抗することもできなかった。捜索令状を見せられた瞬間「終わった……全てが終わった……」そう思った。その終わったという意味は、人生の終わりを迎えたと同時に、この詐欺師人生からもようやく終われるという妙な安堵感のようなものも少しだけあった。

「とりあえずここに座ってろ。詐欺やってたんだろ。いくら奪ったんだ？」

そんな話が永遠と続くが、私はひたすら「黙秘します」と答え続けていたが、今自分に起こっていることが現実なのか夢なのか全くわからないような精神状態だった。

悪い夢なら覚めて欲しい。自分の手で頬を強く引っ叩いてみたがただ頬がヒリヒリと痛むだけ、いや諦めない、目を瞑って目を見開いたら目が覚めて自宅にいるのではないかと考え、実際にやってみたが……目の前に広がる光景は警察官による家宅捜索。

「お前眠いのか？」と刑事に嫌味を言われる始末。夢ではない、これは現実なんだと受け入れ始めると、段々と強い恐怖心に襲われてきた。中学時代に万引きで捕まった時に感じたあの恐怖が蘇る。

「妻になんて言おう……妻の家族には……子供にはなんて言えば。義父や母親にも知られたら大変なことになる。子供は犯罪者の子供として生きなくてはならなくなる。俺は刑務所に行くのか、刑務所……怖い。人生詰んだ」

身体が震えてきた。精神が震えているのもわかる。怖くて怖くて仕方ない……私は恐怖心を紛らわすため、若い刑事に雑談をし始めた。「刑事さんその服おしゃれですね」。こんな時に出てくる言葉じゃないだろうと自分でも突っ込みを入れたくなる話だ。人は追い込まれるとわけのわからない行動をするのだと改めて気づいた瞬間でもあった。

数時間が経過した時、とある刑事が私にこんなことを言ってきた。

「今日家に帰りたいか？」

一瞬「えっ？　まさか帰れるの？　いやそんなはずはない……証拠だって残ってる。でももしかしたら……」。私が声を発せずにそんなことを考え「帰れるんですか？」と聞こうとした瞬間、被せ気味に刑事は続けた。

「帰れるわけねえだろ」。半笑いで馬鹿にした表情を浮かべながら私を見つめこう言い放った。明らかに悪意が見えたし、殺意が芽生えそうになった。一瞬でも妻と子供の元へ帰れると思った自分を恥じた。私はこれまで以上に警察官のことを嫌いになり、何を言われてもこいつらだけは信用しないと決めた。

その後15時間以上拘束された後、この事務所で詐欺行為をはたらいていた証拠をしっかりと抑えられ。逮捕状を請求、深夜3時頃、詐欺容疑の現行犯で逮捕された。初めて手錠を腕にかけられた時、手首に伝わる手錠の重さが罪の重さと比例しているくらい重く感じ、手錠の冷たさは自身や家族の未来がいかに冷ややかになるかを予告しているかのように感じられた。

警察車両へ乗り込み、刑事二人の間に挟まれ私は警察署へ連行される。ふとここで頭の中をよぎったことがあった。

「メディアに顔を撮られたくない」

犯人が警察署へ移送される時、メディアの取材やカメラが車の中にいる犯人を撮影し放送することがある。私はそれを避けたかった。

「警察署の前にマスコミいないですよね？」

ためらうことなく刑事に聞いた。

「いないと思うよ」。半分笑いながら刑事は私にそう言ったが……警察署へ到着し入口を車両が入ると、私の目にマスコミのカメラとスタッフが何人かいるのが飛び込んできた。

「話違うじゃねえかよ！」。そんな罵声を車内に轟かせながら私は必死に前傾姿勢になり顔を隠した。そこで刑事が笑いながら私にこう言った。

「お前じゃないよ、別の事件で逮捕された容疑者が連行されてくるから、それを待ってるんだよ」

怒りと安堵と恥ずかしさが疲弊した心と精神へ一気に押しかけてきた。そして一瞬放心状態になってしまった。

警察署へ到着したのは朝方だった。弁護士の他に誰か一人連絡をしたい人がいるかと言われ、迷わずに妻に連絡、と伝えた。妻の携帯番号は覚えていたので、そのまま刑事に伝えた。あの半笑いをした刑事がまたニヤニヤしながら私の元に帰ってくる。

「奥さん泣いてたぞ」

その言葉に気が立っていた私はまたもや罵倒する。

「お前らが俺のことパクったからだろうが」

今考えると、支離滅裂とんでもないことを言っていると自覚できるが、その時は感情がぐちゃぐちゃで精神状態も不安定。人の心など持っていなかったように思える。

取り調べは黙秘、何も話さないのですぐに終わり身体検査や持ち物検査後、私は生まれて初めて留置場に入れられた。白い大きな鉄格子の扉、中に入ると約8畳くらいの広さの畳にまわりは真っ白の壁。個室のトイレが一つだけある部屋だった。他にもここに留置されている人間がいるようだが、この日は検察庁へ調べに出ていたので留置された時は私一人だった。

この先どうなるのか……、家族はどう思っているのか……、妻とは離婚なのか……、弁護士はいつ来るのか……、留置場の生活はどんなものなのか……。これは夢ではないのか、もし悪い夢なら覚めて欲しい。色々な考えが巡り精神的に全く落ち着くことはなく、その日の消灯後、私はずっと涙を流していた。同部屋の人間に気が付かれないように。

留置場には約3か月拘留されていた。来る日も来る日も、妻と子供のことばかり考えていた。急に家に帰ってこなくなった父親……それを子供はどう思っているのだろうか。心に傷をつけてしまったのではないか……。家庭をめちゃくちゃにしてしまった。本当に申し訳ない気持ちでいっぱいだった。

私は家族のために今何ができるかを考え、弁護士に英語と韓国語のテキストを差し入れで入れてもらい、留置されている間勉強をし続けた。その理由は、未来はどうなるのか全くわからないけれど、いつか社会復帰した時に海外に関わる仕事がしたいと考えていたからだった。

拘留中の忘れられないエピソードがある。肌に湿疹ができ全身がかゆみに襲われ、我慢できる状態ではなかったので、留置課の警察官に頼み込み、病院に連れて行ってもらったことがある。刑事4人に囲まれ、腰縄と手錠で一般市民が待っている病院の待合室を抜け診察室へ向かう。その場にいた患者さん達の目は好奇心にあふれ、同時に冷ややかでナイフを突き刺すようなまなざしで私を見ていた。犯罪者は世間からこういう目で見られているのだと痛感した。

検察庁での取り調べ

検事調べのある前日に留置課の警察官から「明日取り調べあるからね」と告げられる。当日の朝、警察署から検察庁に向かう被疑者は廊下に並べられ、腰縄が通るベストを着用させられ、手錠をかけられる。そして腰縄を他の被疑者と繋ぎ合わせ、まるで電車ごっこのような形で歩きながら護送用のバスに乗車し出発。途中、いくつかの警察署へ立ち寄り、他の被疑者をピックアップして検察庁へ向かう。

到着すると、待合室に連行される。待合室といっても、薄汚なく暗い15人程度を収容するトイレが一つだけある部屋。木の長椅子があり手錠をかけられたまま座って検察官による調べの時間が来るまで待機しなくてはならない。

その待合室には、他の各警察署から連行された被疑者が続々と入ってくる。そしてそこから悪人による座談会が始まっていく……。

「何で捕まったんですか？」

一人が話し出す。すると順番に自分の罪を告白していく。

「覚せい剤っすね」、「窃盗」、「強盗しちゃって」、「大麻」、私は「詐欺」と答えた。みんなが犯罪自慢をしていく。

「覚せい剤やって、ホームセンター行くとめちゃくちゃ楽しいんですよ」「あ、それわかる！」などと全くわけのわからない共感が生まれたり、窃盗犯は「車上荒らしをしていたらさ、突然車の持ち主が帰ってきて、いきなりバールでひっ叩かれたんだよ。ここで俺も引っ叩いたら強盗になっちゃうから、我慢したんだけど、かなりの勢いで何度も引っ叩かれて、歯は折れるはケガするはで最悪……。駆け付けた警察官にもこれは過剰防衛すぎるけど……なんて言われたけど、結局立件はできなかったよ」そんなことを話していた。

検察官の取り調べの順番がやってきた。私は警察官に連れられ、検事の待つ部屋へと案内された。検事室に入り手錠を外され、色々と質問をされるが、「黙秘します」と、私はひたすら呪文を唱えるかのように言い続けた。検察官が私に更生をうながすような言葉を発していたが、所詮良いように私に色々言って事件のことを聞き出そうとしてるのではないか。そんな手には乗らない。検察官は完全に私の敵。私の味方は弁護士しかいない。検察官はただ私を刑務所にぶち込みたいだけだ。そう思い込んでいたから、検察官への態度も悪かった。

その後何度か検察庁に呼ばれて取り調べを受けるが、結局何も話さず取り調べの時間はわずか数分。形だけ呼ばれているにすぎない状態だった。

拘置所へ

「今日で最後っすね」

留置場で一方的に話しかけてくる〈悪のドン・キホーテ〉。窃盗、強盗、詐欺、傷害、覚せい剤、今までばれないように色々やってきたんだ、とペラペラ安い感じで私に話しかけてくるので私は彼にあだ名をつけたのだ。拘留中、悪のドン・キホーテは私に色々教えてくれた。

「移送や出所の日に朝飯を残すと、やり残したことがあるという気持ちに引っ張られて、その場所に戻ってくるんですよ。だから絶対に完食してくださいね」

こういうことを言われると気持ち悪いなと感じる私は、しっかり朝食を完食した。何度も拘置所へ入っている彼は、他にも色々と教えてくれる。

「未決（拘置所）はマジ寒いんで、フリースとか差し入れしてもらったほうがいいですよ、あとヒートテックも。あ、ユニクロはダメ。差し入れでは入らないから。他のメーカーのやつがいいですよ。あとレターセットは買ってください。コーヒーも飲めますよ。眠れなくなるけど……あと……」とキリがない。

悪いことをして留置場にいるはずなのに、やたら親切にしてくる悪のドン・キホーテがなんだかいい人に見えるから留置場とは不思議な空間だなと感じていた。


「拘置所は寒いから健康にだけは気をつけてな」

２０１６年2月、留置課の課長に言われた移送直前最後の言葉。警察官に人の温かみを感じた瞬間だった。拘置所へはバスで移動した。拘置所に向かうバスの中で私は、ようやく少しだけ未来（さき）が見えてきた喜びと、拘置所というまた新たな場所での生活に不安が同居していた。

バスに乗り込むとよく話していた移送係の警察官に久しぶりにお会いした。「おお、久しぶりに会ったと思ったら、拘置所に移送か。拘置所や刑務所はもっと悪い奴がたくさんいる。一緒になって犯罪を企てたりするんじゃないぞ」と激励の言葉をもらった。

拘置所に到着すると、持ち物検査や身体検査が行われる。身体検査では全裸にされ、陰茎を自らの手で持ち上に上げる。そして睾丸も上に上げ、陰部に何も隠していないことを職員に確認してもらう。その後、お尻を突き出し肛門を見せ、肛門の中にも何も隠していないことを確認してもらう。かなり屈辱的だが、職員も仕事とはいえ人のケツや陰茎を見たいなんて思ってもいないだろうなと、ふと感じていた。

その後医務へ行き、身長、体重、視力などの検査をする。その検査が終わるたびに通称「ビックリ箱」という電話ボックスのような人が一人入るくらいの小さな箱の中に入れられ、そこで待機を命じられる。外側に鍵がついているため自分では出られない。天井を見上げると金網で覆われていて、なんだか炭火焼肉の七輪の炭になった気分だった。

警察署の留置場とは違い、なんだかどの職員も振る舞いが厳しい感じがする。次に部屋へ案内された。古いエレベーターに後ろ向きで乗せられ、まっすぐ前を見て廊下を歩けと指示をされる。視界に入ってくるのは古いコンクリート打ちっぱなしの壁、感じるのは肌を刺す隙間風。

職員の足が止まり「ここだ」と告げられる。鉄のスライド式の扉を大きな音を立てるように開けられ、その音に驚きながら私はそのまま独居房へ収容された。

「寒い……」

留置場は暖房が効きすぎるくらい暑かったのだが、拘置所は真逆。死ぬほど寒かった。そして部屋が汚い。三畳程の汚い畳が敷いてあり、畳の隙間から黒いダンゴムシが這いつくばって出てくるのを見た時、虫嫌いの私は絶句した。精神的に病むな……俺。一瞬でそう感じた。

だが悪いことばかりではなかった。陽の光が部屋に差し込んでくる独居房、視界に広がる格子越しの青空。閉鎖的だった留置場とは打って変わって気分はとてもよかった。それからご飯がとても美味しかった。留置場では「官弁」と呼ばれる冷えきった仕出し弁当が出ていて量も少なかったのだが、拘置所のご飯はどれも温かく量も多く、精神もお腹も大満足で温かいカレーが出てきた時は涙が出るくらい美味しくて感動した。

拘置所に拘留されている間、基本的には自由時間なのだが、自分の部屋では「定位置」にいなくてはならない決まりがある。机の前に座り本を読んだり、お菓子を食べることは自由だが、寝転んだり勝手に筋トレなどの運動をしたりすると規律違反となり怒られてしまう。平日朝は7時起床。布団をたたみ、ほうきで部屋を清掃する。毎日毎日清掃しているのにどこからともなくゴミが出てくる。叩けば埃が出てくる私のようだ。

そうこうしているうちに「点検」が始まる。点検位置というものも決まっていて、ドア側に机と体を向けて正座して座る。朝と夕方の1日2回、刑務官が居室を巡回、自室の前に刑務官が立ち止まった時に自分の称呼番号を唱え、点検終了の合図までそのまま待機しなくてはならない。

運動時間になると、部屋の扉が開き運動場へと案内される。私は接見禁止だったので一人用の運動場に案内される。運動場と言っても7畳ほどの広さでまわりは金網だらけ。鍵をかけられるため自分勝手に運動場から出ることは許されない。サンダルで狭い運動場を軽くランニング。走れることのありがたみを知った。

裁判

「そろそろ出発の時間だ。出ろ」

刑務官に告げられた私は、差し入れてもらっていたスーツに慌てて着替え独居房を後にした。手錠と腰縄をつけられ護送用のバスに乗り込む。一切話をすることはできず、バスのエンジン音と外から聞こえてくる和やかな人々の声が私の心をより不安にさせた。裁判所へ到着後、弁護士と接見。その後刑務官2人に連行され、静寂に包まれた人がいない通路をゆっくりと歩き、法廷の扉の前へ。とても緊張していた。

扉を開けると入ると半年ぶりに見る妻の姿が目に飛び込んできた。少し震えているようにも見えた。腰縄と手錠をかけられた私の姿を妻に見られている。情けなかった、それと同時に妻の顔がくしゃくしゃになっていくのが見えた。泣いていたのだろう。以心伝心……私自身も涙が出そうになったが必死でこらえた。でも心のどこかで妻の顔が見れたことに嬉しさと安堵を感じ、私の心の中はカオスな状態になっていた。

罪状認否では罪を認めた。立件は3件、被害総額約6000万円、老人ホーム入居権トラブル解決名目による詐欺。法廷ではずっと被害者に対して反省している素振りを見せていたが、心の内では全く反省などしていなかった。むしろ、自分の刑期がどうしたら軽くなるのか……そんなことばかりを考えていた。だが一つだけ反省していることはあった。

家族に対して本当に申し訳ない。妻に対しては妻の両親との関係を悪化させてしまったこと、精神的な苦労や金銭的苦労をかけさせてしまっていること、子供には犯罪者の子供にしてしまったこと、急に父親がいなくなって寂しい思いをさせてしまっていること。私の両親に対して兄弟に対しても本当に迷惑をかけてしまったことは深く反省していた。

検察官が起訴状を読み上げる。私が高齢者に対して残酷な事件を起こしたことが妻へ知られていく……妻の私への気持ちがどんどん離れていくのではないかと不安になっていき、時折傍聴席に座る妻の姿を妻の気持ちを探るかのように見ていた。

証拠の開示が終わり、初公判が閉廷。その場で手錠と腰縄をつけられた。もちろん、妻の姿のある前で……。本当に屈辱的だった。拘置所へ戻ると、妻からの手紙が届いていた。私のことを待ってる。そんな内容だった。法廷で「妻の私への気持ちが離れてしまうのでは」、そんな風に思った自分は本当に何もわかってない馬鹿な人間だと改めて思った。この思いを妻に伝えたい……私は慌てて筆をとり、妻へ手紙を綴っていた。すると刑務官が私の元へやってきた。

「接見禁止解除されたぞ」「えっ！まじっすか？」と私が驚きながら思わず大きな声を発すると、「声が大きい」と刑務官に叱られた。これで妻に会えるかもしれない。そう思うと本当に心から嬉しかった。

アクリル越しに妻との再会

「面会……奥さん」

少し重たい感じで独居房にいた私に刑務官から告げられた。

逮捕されてから約4か月ぶりの再会。正直何を話そうか……面会室へ向かう廊下でずっと考えていた。面会室の前に着くと扉に小さな小窓があった。「中を確認して、奥さんで間違いない？」そう聞かれると私は恐る恐る小窓を覗いた。妻が不安そうな表情を浮かべ座っているのが確認できた。「はい、妻です」、そう答えると刑務官は扉を開け私は面会室へ入り妻と再会。

あれだけ何を話そうか考えていた私が一言目に発した言葉は「本当にごめんなさい」だった。私はひたすら謝罪した。本当にごめん。ごめん、ごめんなさい。本当に悪かった……。妻は涙を流しながらしばらくうなずいているだけだった。しばらく無言が続いたあと、妻がようやく口を開いた。「私は待ってるから」。その言葉が心底嬉しかった。

それから妻は逮捕後からこれまでの親類や子供の様子を話してくれた。子供にはパパは仕事で帰って来ないことにしてある、寂しいけれど我慢してねと伝えていると言っていた。物凄く心が傷んだ。妻が私と離婚する気はないという意思を伝えると、私の両親は「好きにしたらいい」と言い、妻の両親は「もう関わりたくない」そう言ったようだった。

考えてみればそうだと思う。犯罪者とは縁を切りたい誰だってそう思うはず。今後どうやって信用を回復していくかを考えなくてはならないと思った。面会時間は20分間だったが、同席した刑務官が7分くらい延長してくれていた。温かいな……人のぬくもりを感じた。

妻との別れ際……私は「ありがとう、そして本当にごめん。大好きだよ」と妻に伝えた。妻から笑顔が生まれ私の目に刻まれた。

その後私は保釈され、家族と共に時間を過ごし社会で裁判を受けることに。

裁判は最終段階に入った。

検察側の求刑は9年、正直人生が終わったと思った。なんとか刑期を下げたかった私は、弁護士に泣きついた。そして被害者の方々への弁済と示談を行い和解。その証拠を裁判で提出すると検察側からの求刑は8年になった。

裁判は結審、言い渡された判決は懲役5年4か月だった。

3章　刑務所生活

つかの間の保釈生活から再び拘置所へ

「じゃあ行ってくるよ」

幼稚園の教室の前。私は子供の頭をポンポンしながら二度と見れないかもしれない子供の笑顔を心に焼き付けた。保釈中、妻が仕事に出ていたので私は自転車で子供の幼稚園の送り迎えや家事などをしていた。いつもは子供に対して「いってらっしゃい」と声をかけて頭をポンポンとするのだが……この日は高等検察庁へ出頭の日。私は先生に「よろしくお願いします」と、いつも通り告げ子供を見送った。帰り際の自転車運転中……涙が止まらず私の視界はずっと曇ったまま、私のこれからの未来を暗示するかのようだった。

自宅へ戻り荷物をまとめ、飼っていたスムースコートチワワとしばらく遊んだ。いつものように膝の上に乗ってきて頭やあごの下を撫でる。そうすると喜びながらも気持ちよさそうな顔をして、私の膝上をベッド代わりに横たわる。

「しばらく帰って来ないけれど元気でな」。私はそう心の中で呟き、そっと頭に顔を近づけキスをしようとするも、「何事!?」と言わんばかりに素早く反応し、逆に顔をペロペロと舐められてしまった。刑務所に行ったらこんな癒しの時間もないんだなと思うと、このまま高等検察庁へ出頭しないで逃げようかとも一瞬思った。

それでも妻はこんな私を待っていてくれる。刑務所へ行って懲役を全うしてこなくては。部屋に飾ってあった家族で撮った子供の誕生日会の写真に「行ってきます」と挨拶をし、後ろ髪を惹かれる思いで私は高等検察庁へ出頭し、改めて手錠をかけられ拘束された。

「それではこれから東京拘置所へと移送いたします」。検察官はとても丁寧だった。移送用のアルファードに乗り込む時も「気を付けてください」と気遣ってくれたが、車内では一言も話をせず、アスファルトを削るタイヤの音とエアコンの音だけが響いていた。

数十分後、東京拘置所へ到着し、持ってきた荷物の検査、そして大嫌いな身体検査が行われる。裸になりお尻の穴や睾丸袋の裏側、陰茎の裏側などを刑務官へ見せる。これは何度やられても屈辱的だし、人間扱いされている心地がしなかった。ひと通りの検査が終わり、拘置所の独居房へと案内される。薄暗く淀んだ空気が漂う拘置所の通路。

「真っすぐ前を見て、通路の真ん中を歩くんだ。決して他の居室を見たりするなよ」。私に刑務官がそう注意をすると「前へ進め」と合図を送る。私は言われた通りに真っすぐ前を向いて歩くが、目だけは横に広がる収容者の居室を見ていた。ほとんどの人が皆、本や漫画を読んでいたのが印象的だった。

「この居室な」。鍵を開錠しドアを開け「入れ」と刑務官が私を促す。バタンと大きな音を立ててドアを閉められると娑婆での保釈生活がやはり夢だったのではないかと思えてきて、こんなに虚しく寂しい思いをするのなら、保釈でいっときでも娑婆になんか出なきゃよかったと一瞬後悔した。


数日が経ち、突然刑務官が居室へやってきた。

「今日から刑期開始だからね」と軽いトーンで私に告げる。

「え、もっと重い感じで伝えられると思っていたのに……」

なんだか拍子抜けしてしまったが、その日から私は懲役が始まった。いわゆる「アカ落ち（昔囚人服が赤色であったことから刑期が始まったこと）」をしたことになる。更に刑務官が居室へやってきて「アカ落ちしたから部屋を移動する」と告げられ、東京拘置所内の他の階へ移動する。

その階では東京拘置所で懲役刑を務めている受刑者の方が刑務官に指示を受けながら忙しそうに働いていた。「真っすぐ前を見て歩けよ」。いつものように刑務官にそう促されるが、私は以前と同じように視界に入ってくる居室を横目で見たが、先日とは違った光景が横目に広がる。それぞれの居室で紙を折るような作業をしている。「もしかしてこれが刑務作業か、ん、待てよ。俺の手、汗凄いから作業できなかったらどうしよう……」。余計なものを見たせいか、作業をする前からそんな不安を抱ながら通路を歩き、この棟の担当刑務官が待つ担当台へ到着。

「今日から刑務作業をここで行ってもらう。今から色々と手続きをするからな、まずはこれをやってくれ」と最初に渡されたのは知能テストの用紙。

「どういうこと？」と一瞬思ったがとにかくやってみることにした。知能テストの内容は、ある質問に対してどの答えがベストなのかを6個の選択肢の中から選ぶような問題や、次のうち仲間外れはどれでしょうという問題で4つのイラストの中から違うものを選択する問題、展開図を組み立てた時にどの箱になるのか4つの中から選択する問題、単語が並ぶ中その単語を自分で組み合わせて短い文章を作るテストなどが並ぶちょっとしたクイズ形式の問題が多かった。

なぜこのような問題をやらされるのかは全くわからなかったが、気になっていたので刑務所を出所してから調べてみたところ、このテストの結果は送る刑務所を選定するためや、移送先の刑務所の作業場でリーダーになれる知能を持ち合わせているかなどの判断の参考資料にされるとのことだった。

知能テストも無事に終わり、面会や手紙のやり取りを希望する人の住所と名前を登録申請、一通り受刑生活に関わる説明を受けた後、私は独居房に案内され早速刑務作業を始めるように言われた。初めての刑務作業はデパートに入っている老舗和菓子店の袋作りだった。最初に思っていた通り、手汗をかきやすい私は紙袋作りに手こづった。手汗をかくことがなければ簡単にできる作業も、汗で紙がダメになってしまって中々作業が進まない。こんな簡単なこともできないのかと思うと、この先の刑務作業が思いやられる。それでも必死に目の前の紙袋を作り続けた。


東京拘置所に収監され2週間が経過しようとしていた時だった。作業中に刑務官が私の部屋にやってきた。「明日移送な。作業をやめて準備しろ」。私は移送の準備に取り掛かり、一日を終えた。明日はどこに行くのだろう。この時点ではどこの刑務所に移送されるのかは告げられることはなかった。

次の日の早朝、まだ外は真っ暗で拘置所内も明かりが灯っていない。

「おい、起きろ。移送だ」。食器口から刑務官の声が部屋の中へ轟く。その声にビクッとした私は慌てて起き、布団をたたみ準備をした。東京拘置所内に収容時に案内された「調所」へ向かうと、たくさんの収容者が集められていた。そして私の他に6名が一列に並べられ、「君たちは島根あさひ社会復帰促進センターへ移送になる」と告げられ、移送のバスに乗り込み東京駅へと向かった。東京駅からは新幹線の指定席に乗った。スーツ姿の刑務官4人。手錠、腰縄姿の受刑者7人。まるで市中連れまわしの刑。早朝の東京駅や新幹線は人が多く周りの人の目線がとても痛かった。

途中トイレも行くことができず、会話もできず、飲まず食わずの新幹線旅。周りを見るとおじさんたちがおつまみやお弁当を食べ、酒盛りをしている。おいしい香りが鼻を突き空腹感とストレスでイライラして本当に地獄だった。

広島駅へ到着すると警備会社アルソックの方が護送用のバスで迎えに来ていた。そのバスは、なんとタイミングが悪いことか、高校の修学旅行生が乗ったバスの隣に駐車していた。「降りてくるな……頼むから降りてくるな……」。こんな姿を見せてしまっては、教育上よくないだろう。私は修学旅行生が乗ったバスから高校生が降りてこないことを必死で願ったが……その願いは届かなかった。

「ヒャッ！　えっ！　マジ？」

バスから降りてきた女子高生が驚愕の表情を浮かべながら声を上げたのだが、次の瞬間、スマホを手に持ちこちらにカメラを向けて写真を撮りだした。私が恐れていたことの一歩上をいった女子高生がなんだかたくましく見えた。

社会復帰促進センターでの生活

島根あさひ社会復帰促進センターは、初犯で更生意欲が高いと判断された受刑者が収容される刑務所だ。全国に4か所しかないPFI方式（Private Finance Initiative）を利用した刑務所で、運営資金の一部を民間企業からの社会資本整備事業のお金から運営されている日本でも珍しい刑務所だ。部屋は全て独居房。部屋の中にはテレビ、机、椅子、ベッド、洗面台、水洗トイレが備え付けてある。鉄格子のようなものはほとんどなく、開放的で刑務所というよりも保護施設や訓練施設に近い印象を受けた。部屋にはドアノブもあり、余暇時間には自由に部屋の出入りもできた。だが、ここは刑務所。手錠もなしである程度自由に動けるのだが、常に監視カメラに追われ続け、また名札にはGPSが備え付けられ、一瞬でどの受刑者がどこにいるのかを把握できるようになっていた。

ここは更生のためのプログラムとして、職業訓練も充実していた。建設機械関連の資格や、販売士3級、医療事務、エクセルやワードの資格、介護職員初任者研修修了者に加えて理容師といった国家資格まで取得できる環境。この刑務所に社会復帰促進センターと名付けられた理由には納得がいった。

刑務所に入所すると最初に「考査」と呼ばれるユニット（受刑者の間では工場と呼ぶ）に収容される。このユニットでは、刑務所での暮らしや規則、全体行動の動き、ラジオ体操などを約3週間徹底的に叩きこまれる。

「気を付け！　右へならえ！　直れ！　動作が遅い！　もう一回！」

刑務官が何度も何度も同じ動作をやれと命令してくる。受刑者の一人がダラダラ動作をすると、「お前のせいでみんながやらされるんだぞ。わかってんのか！」などと刑務官がその受刑者を恫喝し、また同じ行動の繰り返し。さすがに嫌になる。そして、ラジオ体操。約3，4分くらいの体操だが、声が小さかったり動作が機敏でなかったりすると何度も何度も体操をやらされる。終わる頃には声も枯れ受刑者たちは疲弊していた。毎日毎日厳しい生活の繰り返し。受刑者はストレスを抱えて過ごしている。

そのストレスのはけ口は受刑者へのいじめへと繋がっていく。食事の際、食べるのが遅かったり、くちゃくちゃと音を立てながら食べる受刑者は、「遅いからもっと早く食べろ」

とか「食べ方が汚い」とかストレス発散に文句を言う人間が出てくる。また、部屋は個室だが壁が薄いので隣の部屋のいびきが聞こえてきて、そのいびきがうるさいなどと文句を言い始める。それが段々とエスカレートして仲間外れにしたり、悪口に繋がっていった。そんな場面を見るのは正直嫌だったし、そういう人間と関わるともらい事故を起こしそうだと思ったので、自分から距離を置いて接するようにしていた。

三週間後……地獄だった考査期間をようやく終え一般工場へ配役されることとなった。最初に配役されたのは、コイルを製作している工場だったが、なんだか考査と雰囲気が違う。全体的に緩い。そんな風に感じていたが、長年務めている受刑者も多く、その中には刑務官に立てついている受刑者や、人の悪口ばかり言っている受刑者、けんかを売ってくる受刑者も散見された。

私が収監された島根あさひ社会復帰促進センターでの一般受刑者の一日のスケジュールはこのような感じだ。

平日　午前6時40分　音楽が部屋のスピーカーから鳴ると同時に起床、10分後に点検が始まるため、寝ていた布団を綺麗にたたみ、部屋の中を掃除したり、歯を磨いたりする。

午前6時50分　「点検よーい！」と、アルソックの警備員さんが大きな声で合図を送る。この合図が出たら直ぐに掃除や歯磨きをやめ、椅子を扉のほうへ向けて座り手は膝の上、背筋をピンと伸ばして点検終了の合図があるまでそのままの姿勢で座る。これが俗にいう「点検姿勢」というものだ。

午前6時55分　「点検終了」

午前6時59分　部屋のスピーカーからNHKニュースのラジオが流れ出す。生の情報を得られる貴重な機会なので受刑者はほぼ全員が視聴している。

午前7時5分　朝食　受刑者は各々部屋を出て多目的ホール内に並べられたテーブルに座り、ユニットリーダーの号令で各テーブルごとに食事を無人配膳ロボットへ取りに行く。全員が取って席につき、いただきますを言うまで食事に手をつけることはできない。

午前7時15分　NHKニュースのラジオが強制終了。突然ブツっと切れるので寂しい。

午前7時20分　朝食時間終了　各テーブルごとに今度は空下げ（食器を片づけること）を行う。その後部屋へ戻り、出役の準備をする。

午前7時30分　スピーカーから出役の時間ですというアナウンスが流れるが、その合図で部屋を出てしまうと刑務官に怒られてしまう。必ず刑務官による「出房」という合図で部屋を出て、多目的ホールに整列し、刑務官の合図で点呼を取る。「気を付け、右へならえ、直れ、番号」。全員の点呼が取れたことを確認すると「右向け右、前へ進め」と誘導を受け作業着に着替える更衣室へ向かいテキパキと作業着に着替え、すぐ隣にある作業場通称「工場」へと入っていく。工場に入る際は空港の手荷物検査場にあるような金属探知機のゲートをくぐる。「ピーッ」と鳴るともう一度くぐらされ、何度も鳴ると身体検査が行われる。その後刑務官へ外部に送る手紙を渡したり、本の購入願箋などの提出をする。

午前7時40分　工場内で体操。ラジオ体操をベースにした刑務所オリジナルの体操を作業開始前全員で行う。体操係が刑務官に前に呼ばれ「体操始めます」と報告をし、体操係の「1，2，3、4」という合図の後に「5，6，7，8」と輪唱しながら体操を行っていく。当然大きな声が出ていない場合は刑務官のヤジが飛んでくる。

午前7時45分　体操終了後、担当刑務官から本日の作業や連絡事項についての説明。その後刑務官の合図でそれぞれ作業位置につき、作業始めの合図で作業。

運動　作業時間中に運動と呼ばれる時間がある。工場によって、また曜日によって時間帯はバラバラで午前中に行われることもあれば、午後に行われることもある。この時間は一日作業をやめ、更衣室で運動着に着替えて天候が良ければ外のグラウンドで、雨や雪などの悪天候の場合は体育館や、受刑者が生活しているユニットの多目的ホール内で約40分程の運動ができる。筋トレをする受刑者やグラウンドを走る受刑者、輪になってみんなで話を楽しむ受刑者、運動時間の過ごし方はある程度自由が与えられていた。

休憩　運動が午前中に行われる場合は午後3時に、運動が午後なら午前10時に刑務作業を中断し食堂で15分間の休憩が与えられる、この時間はお茶を飲みながら、目の前や隣に座る受刑者と「交談」することができる。交談とは刑務所内で受刑者同士が話をすることの通称。立ち話や、決められた席以外に座って交談をすることは許されず、もし違反した場合は「不正交談」として扱われペナルティを科され始末書を書くことになる。午前中に手紙や頼んだ本の受け渡しなどが刑務官から行われる。

午後0時　昼食。作業を止め整列し点呼を取ったあと、食堂へ移動し朝食の要領で食事を取りに行く。みんなが揃ったところで刑務官の「食事始め」の合図で一斉に食事を始める。皆だいたい10分かからずに食事を食べ終える。その後12時30分まで休憩時間となる。

午後4時40分　作業終了。点呼を取り更衣室へ。作業着から居室着に着替える。

午後4時50分　ユニットの多目的ホールへ。昨夜ネットに入れて出した洗濯物が洗濯工場から返却されるので、各自洗濯物を受け取り自身の居室へ。夕食の時間まで居室にて自由時間。

午後5時10分　夕食。夕食の時間ですというアナウンスと同時に部屋を出て朝食と同じ要領で食事を取る。

午後5時30分　夕食終了。午後7時まで多目的ホール内で他の受刑者と交談をすることができ、7時以降は新聞や掲示物の閲覧などで自由に多目的ホールを8時40分まで使用することができる。この時間内に次の日の洗濯物をユニット内にある移動式のかごへ出さなければならない。

午後5時40分から7時40分　月、水、金曜日に30分間の入浴（夏場は火曜木曜に5分間のシャワー入浴があるため週5日お風呂に入ることができる）。

午後6時40分から8時40分　録画されたテレビ放送とFM山陰のラジオ放送開始。島根あさひ社会復帰促進センターでは受刑者へリアルタイムでのテレビ視聴をさせることはなかった。放送される番組はだいたい2か月から3か月前に放送された番組の録画放送。11月末の寒い時期に、夏の番組を放送したりと季節感がずれているのが少し面白かった。ラジオはリアルタイムに放送されていた。社会の最新情報を手に入れる唯一の機会なのでここでもラジオは貴重な情報収集源だった。

午後8時40分 居室が施錠され「点検」。朝の点検と同じ要領で点検を行う。点検姿勢を行なっていない受刑者は刑務官から怒鳴られる。点検終了の合図とともに就寝まで居室にて自由時間。

午後10時 就寝。就寝時間を知らせる癒しの音楽が流れ出す。音楽の終わりとともに「就寝時間です。おやすみなさい。就寝時間です。おやすみなさい」と女性の声で2回アナウンス。その後部屋の灯が消え非常灯が居室を照らすも微妙に明るくて眠りづらい。

また、月曜日は「矯正指導日」が実施される。月に4回設けられていて、この日は作業をせずに、居室で読書や勉強をしたり、教育関連のテレビ放送を視聴する日。テレビの内容はNHKで放送されている番組が多く、『プロフェッショナル仕事の流儀』や『サイエンスゼロ』、『英雄たちの選択』、『NHKスペシャル』といった番組が毎回放送されていたおかげでNHKの番組が本当に好きになった。

刑務作業は基本的に完全土日祝日はお休みである。刑務所は完全にホワイトな職場環境だと感じた。土日祝祭日の作業はお休み。またお盆休みや年末年始の休みもある。

休日は起床時間が約1時間遅い午前7時30分、それから点検、朝食に続き自由時間。午前9時からテレビとラジオが放送される。午前11時にテレビとラジオは一旦放送を終了。午後0時15分昼食、午後1時からテレビ、ラジオ放送、午後3時にテレビは終了するものの、ラジオは午後5時まで放送される。午後5時15分夕食。午後6時からラジオ放送され6時40分からテレビ放送。午後8時40分放送終了し夜の点検。その後自由時間。午後10時就寝というスケジュールだった。

自主学習での気づきと目標

このような時間の中で生活をしていたので自分の時間が多くできた。自分の時間を有効活用しなくてはと考えていた。まずは高卒認定を取得する。英語、韓国語を毎日必ず勉強しよう。この刑務所の職業訓練で取得できる資格は全て取って、社会へ出た時に役に立てようと決め、高卒認定の勉強を始めた。高校を三年まで通っていたので、残り2教科の単位を取得すれば、高卒認定の資格を得られる状態だった。

選んだ教科は「地学基礎」と「倫理」。倫理に関して選んだ理由は「所詮道徳でしょ？道徳なんて楽勝だよ」、そんな風に甘く見ていたからだった。実際にテキストを読み進めると、私の想像の遥か上をいくなんともつまらない内容だった。綺麗ごとしか書いてない。今まで生きてきて聞いたことも見たこともないような人物の名前ばかり。こんなものを覚えなくてはならないのか……。

正直勉強をする気が失せてしまったが、ここは刑務所。これから新しいテキストを購入しても手元に届くまで時間も掛かり、お金も失う。それはもったいない。あるものでやるしかないと腹を括り、倫理の勉強を本格的に始めた。全く意味がわからないまま何度もテキストを読み返し、とにかく通読を続けていれば覚えるだろうと浅はかな考えを持っていたのだが……、半年くらい経過したある日のこと、ふと「自分はなぜここにいるだろうか。なぜ罪を犯したのか」、そんな風に思った。そして過去の自分はどんな人間だったのかを幼少期まで振り返り、とうとう気が付いた。

「自分は利己的な考え方をして生きてきた、とにかく自分のことしか考えていなかった。他人がどうなろうと自分が幸せならどうでもよい。そんな考え方だったたから、詐欺という罪を犯したのではないか。確かにそうだ。所詮電話でのやりとり、相手の顔は見えないし、電話を切ればもう関係ない。大金も手に入る。被害者がどうなろうが関係ない。高齢者がお金を貯めていても遣わなかったら経済は回らない。不景気のままだ。だから自分が高齢者からお金を奪い、そのお金を有意義に遣って経済を回すんだ」

そんな風に考えていたことも思い出した。

思えば家族への裏切りもそうだった。妻や両親には仕事はパソコンのソフトの販売と嘘をつき、騙しながら生きてきた。家の中ではよいパパを演じ、外では高齢者を騙し、キャバクラで豪遊。好きなブランド品を買い漁り、たらふく高級レストランで食事をしていた。本当にどうしようもない見栄だけの大黒柱だったんだと思う。

そして、あらゆる困難にぶつかった時、私は全て逃げ回ってきた。逃げて逃げて逃げまくり、自ら一人になろうとしていた。逃げ癖、離れ癖、切る癖、人を全く大切にせず築いた信用を自ら壊し人間関係を絶って生きていた。

自身が逮捕された時のことも振り返った。その時本当に大切なものが何かわかったのかもしれない。留置場の中で私はずっと妻と子供のことを思いながら連日連夜涙していた。人生のどん底に落ちた気持ちで死にたいほど悲しかった。ふと……被害者の方々のことが頭の中によぎる。

「私が騙したことによって、もしかして俺が感じた悲しみなんかよりも、もっと凄まじい悲しみに襲われてしまったのでは……。騙された高齢者はもとより、そのご家族もきっと悲しい思いをされたはず。そして私に対して大きな恨みを持っているはず。私はなんてことをしてしまったんだ。金銭的、精神的にも追い込んでしまった。本当にどうしようもない。本当に申し訳ない……、申し訳なさすぎる」

胸が苦しくなった……、頭痛が止まらなかった……。心底嫌気が差し自分で自分のことを殺してやりたいと本気で思った。

このままの気持ちで出所し、社会復帰したとしても必ずまた罪を犯してしまうのではないか。じゃあどうしたらいいのか……。いつのまにか物事を順序だてて頭の中で整理していけるようになっていた。

こんなことは生まれて初めての体験だった。私は幼い頃から「考えろ」と色々な人に言われてきたが「考える」の意味が全くわからなかった。3つのアイデアを出してその中から一つを選ぶという生き方ではなく、一つのアイデアが思いついたら即行動という場当たり的な生き方をしてきたことにも倫理のテキストを読み始めたおかげで気が付けた。ここで自分と向き合い、どんな自分になりたいのかを明確にするため、私はノートになりたい自分像を綴り始めた。

正しいことを正しくやる。自分さえよければいいという考えを捨てる。嘘をつかない。見栄を張らない。素直に正直に生きる。人を見下さない、人を大切にする、人を思いやる。感情や欲求のままに行動しない、一度立ち止まり考える。お金よりも大切なものはたくさんある。人に迷惑をかけない。情、恩、筋を忘れずに生きる。目標を立てその目標に向かい一日一日の積み重ねを大切にしていく。

ノートに綴った文章を私は毎日就寝前に読み返すことを始めた。すると、日に日に考え方が変わっていき、世間の物事や自分自身のこと、刑務所での出来事を客観的に見ることができるようになっている自分に気が付いていく。気が付きながらも、私は一度やり始めたことは絶対に途中で辞めずに最後までやりきろうと、日夜高卒認定の学習、英語、韓国語の勉強を続け、高卒認定に合格。英語や韓国語も日に日に上達していった。

刑務所内の職業訓練にも積極的に応募し、販売士3級、フォークリフト、玉掛け、移動式クレーン、ショベルカー、介護職員初任者研修修了者、CAD試験、エクセルなどの資格も受刑期間中に取得した。その間に哲学の本や経営者の本、自己啓発本、さらには仏教やキリスト教関連の本を読み漁っては、過去の自分と対話しダメだった自分を新たに発見する。

「人のものを盗んでまで自分のものにする」「ルールを守らない」「人をいじめる」「無責任」「なんでも後回し」「何事も投げ出してしまう」……。発見すればするほど、過去の自分がどうしようもない人間だったことに気づき、そんな自分を正そうと必死だった。

刑務所内の出来事

受刑中、刑務所内では様々な事件が起きた。工場での作業中、急に受刑者同士の殴り合いの喧嘩が始まったことが何度もあった、刑務官が「作業やめ！ 全員目を閉じろ」と大声で叫ぶ。薄目で目の前を見ていると、警備隊と呼ばれる刑務所の警備担当が何人もバタバタと走ってきて、「何してんだお前ら！」「おい！ 目を閉じとけ！」と命令という名の罵声が工場内に轟く。「てめえ絶対ゆるさねえからな！」「ぶっ殺す！」などの受刑者の息の上がった声が耳に入ってくる。目を開けたくても開けられない……。目を開けたら規則違反で自分も連れていかれるから。喧嘩をしていた受刑者が警備隊に連行されると、何事もなかったかのように作業が始まる。いや、始めなくてはならないというほうが自然かもしれない。

とにかく喧嘩の話は刑務所内では絶えることはなかった。喧嘩事案を起こし懲罰を受けて工場に配役された受刑者が、どんな喧嘩をしたのか話をしてくれるからだ。

入浴の最中、頭を洗っていた時に他の受刑者から精液を頭部にかけられて、大浴場で大喧嘩になったという受刑者や、グラウンドでの運動時間中、以前同じ工場で今は他の工場にいる因縁のある受刑者を発見、その受刑者のもとめがけて突進し大喧嘩を起こした受刑者もいた。

これは聞いた話だが、刑務作業終了後の余暇時間、独房は鍵も開いていて出入り自由な時間帯。因縁のある受刑者の独房に訪問して、部屋にあったブラウン管テレビを持ち上げ、頭に向かって画面部分を振り降ろし、大けがをさせたという事件もあったそうだ。

いじめもよく起きていた。ただ標的にされる受刑者は社会とは少し違うような気がする。社会でいじめの標的となる人は気弱そうな人間だったり、何の罪もないような人だったりするケースが多いように散見されるが、刑務所内でのいじめの対象は、人の信用を裏切るようなことをした受刑者や、食べ方が汚い人間、集団行動ができずいつも迷惑ばかりかける受刑者、体臭がする、生意気、嘘つき、そして罪名がピンクと呼ばれる性犯罪受刑者、子供への犯罪をした受刑者が標的になることが多い。

いじめの内容は様々。私の収容されていた島根あさひ社会復帰促進センターでは激しいいじめはなかったものの、食事を食べさせない、祝日に配布されるお菓子を捨てさせる、真冬にもかかわらず大浴場の湯船に入浴させない、また受刑者が既に入浴している風呂のお湯を使用して身体や頭を洗わせる。監視カメラの死角となる場所で身体を蹴る、受刑者同士が話のできる余暇時間に部屋から呼び出されてひたすら点検拒否という規律違反を自分で起こして、この工場からいなくなれと詰め寄られる。切手をかつあげされたりと、このようないじめは絶えなかった。


ちなみに26歳以下受刑者が収容される少年刑務所のいじめはもっと壮絶だ。川越少年刑務所から島根あさひ社会復帰促進センターへ移送されてきた受刑者から話を聞いたことがある。

「自分がいた少年刑務所はハンパじゃなかったです。運動時間はひたすら筋トレ。一人が脱落したら、連帯責任でやり直し……地獄でした。いじめも凄かったです。雑居房で顔以外殴る蹴るは普通にありました、身体なら服を着ていて見えないので、痣ができたりけがをしても問題ないんですよ。それから、ご飯に洗剤かけられたり、便器にご飯を突っ込まれて、便所の水に浸かったメシを食えって言われたり。休みの日に大便をずっと我慢させられる受刑者もいました……」

自慰行為を強要され、出した自分の精液を飲めなどと言われた受刑者もいた。少年刑務所では日常的にこんないじめが行われていたと知り鳥肌が立つと同時に、自分が30代でよかったと心底安心した瞬間でもあった。そんなことで安心するくらいなら最初から犯罪なんてするなと後々思い、なんだか自分が虚しくなった。

受刑者の中には全く自身の犯した罪と向き合っておらず、一切反省などしていない者が多くいた。大浴場は監視カメラが1台あり、そのカメラから民間警備会社のアルソックの警備員と刑務官が常時入浴の様子を監視している。そのカメラに向かってお笑い芸人のアキラ100%のネタの真似をする、もちろん大浴場は大爆笑。それも束の間、刑務官が即座に駆け付け、怒られながら連行されていく受刑者。

自弁購入できる頭痛薬や風邪薬を作業のない休日にオーバードーズしてフラフラになり、

現実逃避する受刑者、出所してから何をするのかという話をした時に「売人ですね。単純に稼げるから」、「また詐欺やりますよ。だって儲かるじゃないですか……楽して稼ぐには一番ですね」、「自分は一生地面師ですね。地面師やってビル3つ買いましたし。やめられないです。今回の刑期もたいしたことないしまぁ合宿に来たようなもんですよ」、「シャブはやめられないですよ。というか。やめる気がないですから」等々、一切悪びれる様子もなく、「出所したら一緒に悪いことしましょう」と仲間を刑務所内でリクルートしながら過ごす受刑者。

来る日も来る日も刑務官に悪態をつき「満期出所上等」と言いながら他の受刑者に喧嘩を売ったり、作業をさぼってみたり、とにかく迷惑ばかりかけるいわゆる「無敵の人」のような受刑者もいた。そういう受刑者を見ていて私は常に嫌悪感を抱いていたが、全く関わらないように近づくことなく自分のペースで刑務所生活を過ごし間に、いつのまにか気にも留めなくなっていた。

刑務所でよく行われる不正行為についても書き留めておく。

私がよく見た不正行為は、「不正交談」「物品不正授受」「夜読（やどく）」この3つは日常茶飯事だった。

「不正交談」とは受刑者同士で刑務官の許可なく勝手に話をすること。刑務所での作業中は何をするにも刑務官の許可がいる。例えば刑務作業中隣の受刑者と話をしたい場合は、座ったまま正面を向き、真っすぐ手を挙げ、刑務官から「要件」と言われたら「○○さんと作業内容の交談をお願いします」と伝える。刑務官から「よし」と言われたら、帽子を脱いで「交談します」と言いようやく話をすることができる。

人と話をするだけでもこのような手順を踏まなければ話ができない。とはいえ、作業に飽きてしまった受刑者は俯き加減に小声で隣で作業している受刑者へ話しかける。「何の罪で捕まったんですか?」、「今日のメシなんでしたっけ?」、「お菓子何買います?」、内容は今話すことではない下らないことが多い。私も不正交談には悩まされた。話しかけられたらやはり無視はできない。余暇時間に「なんで無視したんだよ」と因縁をつけられ面倒なことになるからだ。不正行為は絶対にしたくなかったのだが、嫌々ながらも仕方なく不正交談に付き合うことは多々あった。

2つ目は「物品不正授受」。刑務所内では受刑者同士で物や本の貸し借りや受け渡し行為を禁止している。理由は所説あるのだが、受け渡し行為を容認してしまうと、いじめや恐喝行為で物を取り上げる受刑者がいるから。絶対にやってはならない行為にもかかわらず、受刑者は自分の欲望に負けてしまい、エッチな本の貸し借りや切手の貸し借り、自分が普段飲んでいる薬をあげたり、お菓子をあげたり色々なことが行われている。

また、高校野球が始まるとどこの高校が優勝するのかを予想して受刑者同士で賭博をして、予想が外れた受刑者は当たった受刑者に対して悔しそうな表情を浮かべながらお菓子を渡したり、切手を渡したりしていた。

3つ目は「夜読」。消灯時間になると部屋の灯りが消え小さな豆電球ほどの非常灯が部屋の中を夜中照らす。この明かりが眠気を妨げる。眠れない受刑者は、巡回する刑務官やアルソックの警備員に見つからないように暇を潰すため本を読む。これが「夜読」という行為。当然、就寝時間は寝ることとトイレに行くこと以外は許されていないので、本を読んでいるところが見つかると、罰則の対象になる。規則を破る受刑者は絶えることはなかった。

ここまで刑務所の悪い実態を綴ってきたが、刑務所に収監されている受刑者が全てそのような受刑者ばかりではない。懲役刑を科され猛省し出所後の未来のために日々の時間を大切にする受刑者もたくさん見てきた。税理士、中小企業診断士、弁護士を目指すものもいた。その中で私が一番印象に残っている受刑者がいる。

元半グレで高校中退、全身刺青の20代前半の男の子はその見た目からは全く想像がつかないほど優しい口調でこんなことを私に話してくれた。

「出所したら大学へ入りその後看護師を目指します。今は大学の過去問をひたすら勉強しています。英語なんで全然わからなかったんですけど、ずっと勉強していたら凄く楽しくなって。英英辞典で単語調べたりするの凄く面白いですよ」と笑顔で語る。

なぜそこまで変わることができたのかを聞くと、彼はこんな風に語ってくれた。

「自分は詐欺で捕まったんですが、接見禁止が取れて警察署の面会室で両親に会った時、初めて両親の泣き崩れる姿を見たんです。その時に自分はなんて親不孝なことをしたんだろうって……心底感じてしまって泣いてしまいました。そこから親のためにも自分は変わらなくちゃいけない。このままじゃまた再犯してしまう。自分に何ができるのかを必死に考えました。真面目に生きて人の役に立ちたいって思えるようになって……それがダイレクトに感じられる仕事が看護師だったんです」

素晴らしいなと思った。この子から刺激をもらったことへ心から感謝した。

刑務所の慰問行事

普段は何の刺激もない変わり映えのしない毎日を送る受刑者の生活。ここへ更生や希望、慰めの機会を外部から受刑者へ提供する活動が慰問行事。主に宗教指導や教育プログラム、心の支えを提供するボランティアなどがあるが、中でも受刑者が楽しみにしているのが、伝統芸能や女性吹奏楽団による演奏会、有名人による慰問行事だった。

【杉良太郎さんによる慰問行事】

2017年12月20日水曜日、私は刑務所で初めての芸能人による慰問行事を経験した。歌手で俳優の杉良太郎さんが島根あさひ社会復帰促進センターへやってくる。杉さんと言えば、私の中で遠山の金さんのイメージが強かったが顔をあまり思い出すことができず、刑務所の中はネットもないのでグーグルで検索することもできなかったのでぼんやりとしか杉さんをイメージすることができなかった。この日は体育館に受刑者ほぼ全員が参加した。刑務官はいつもより警戒を強めながら厳しい口調で受刑者を誘導する。席に座ると手を膝に置き背筋を伸ばし目をつぶり開演を待つ。

「目を開けろ」

刑務官の合図で一斉に受刑者が目を開けると「これから杉良太郎さんによる慰問行事を行う。大きな声を出したり、隣と話をしたり、キョロキョロとよそ見をしたりするなよ。くれぐれも失礼のないように」と司会の刑務官よりアナウンスがある。慰問行事なのになぜか緊張感に体育館は包まれていて癒しや休みの感覚は全くなかった。

「それでは杉良太郎さんよろしくお願いします」。司会の刑務官が声を発すると会場の刑務官から拍手が沸き起こる。受刑者もそれに続くように大きな拍手で杉良太郎さんをお迎えした。杉良太郎さんがステージに登壇する。「これが芸能人のオーラか」。まるで五光が差すように輝きを放っている。

「皆さん初めまして、杉良太郎です。今日はよろしくお願いいたします」

丁寧な挨拶を私たちにして下さると、杉さんは自身の経験から色々な話を聞かせてくださった。特に印象的だったのは、ハンセン病患者が隔離されていた熊本県の国立療養施設菊池慶楓園への慰問の話。この施設に初めて杉さんが訪れたのが1991年。杉さんは患者さんから直接お話を聞き、握手をし、ハグをして触れ合ったりした。

ハンセン病は身体の一部が変形したりする外観の特徴があることで、差別を生み出し、人と肌を触れ合うこともほとんどなくなってしまう。杉さんは何の偏見も持たずに一人一人を勇気づけた。そして杉さんは一人の患者さんと約束する。「この次にここへ来る時は遠山の金さんの芝居をここでやる」。そのように約束をして施設を後にする。

その5年後の1996年、菊池慶楓園内の講堂で遠山の金さんの舞台を演じ約束を果たした。舞台にかかった費用は1億円。自腹で借金をし、設備を整え準備をし実現させた。園にいらっしゃった患者さんから「口約束でここまでやったのはあんただけだ」、そう言われた時心から嬉しいと感じると同時にやってよかった、1億円の借金は背負ったがかけがえのないお金には換えられないものを得た感謝したいと仰っていた。

杉さんの講演は、心の闇に差し込んだ光のような、道を示してくれる内容だった。「感謝の気持ちを持つ」、「約束を必ず守る」、「人を見かけで判断せず、正しい知識を持ち愛を込めて接する」、「正しいことを正しくやる」、「自分ができること、していることに対して常に疑問に思う」、「何か行動を起こす時、周りの意見やお金ではなく、自分がやりたいかやりたくないかで決める」。これらの杉さんの言葉が与えた影響は大きかった。

自分自分の哲学を持ち信念を貫き、自身の強みを理解しこの強みをどうしたら社会貢献に繋げることができるのかを常に考えて実現すること。人の気持ちを理解し考え、歩み寄り傾聴することの大切さ、難しいことをわかりやすく伝える努力。こうしたことを意識して生きることが大事なんだと考えた。

そんなことを考えていると、心の底から沸々と煮えたぎるような想いが溢れてくる。杉さんみたいな人間性を持ちたい。出所したら杉さんのいる人間性のステージへ到達し、いつか「島根あさひでの慰問本当にありがとうございました」と直接感謝の気持ちを伝えたい。また一つ新たな目標ができた瞬間でもあった。

講演の最後……杉さんが受刑者に語りかける。

「二度とあやまちを犯さないと約束できる人は拍手をしてください」。私は一番に拍手をした。それに続くように受刑者や刑務官から拍手が起こり体育館の中はいつのまにか拍手喝采になっていた。杉さんとの約束必ず守る。杉良太郎さんと自分の心に誓った日一生忘れない。


【受刑者のアイドルＰａｉｘ２（ぺぺ）さんによる慰問】

「島根あさひにあのＰａｉｘ２がやってくる!?」にわかに信じがたかった。まさか本当に刑務所でＰａｉｘ２の慰問コンサートを見られる日が来るなんて……。Ｐａｉｘ２

（ぺぺ）は女性二人で活動するアーティスト。グループ名の意味はフランス語で「平和」という意味と二人組という2乗の「2」メンバーは鳥取県出身のＭＡＮＡＭＩさんとＭＥＧＵＭＩさん。２０００年から全国の刑務所や少年院でプリズンコンサートを続け、お二人はたくさんの受刑者に元気と勇気を送っていた。私がＰａｉｘ2さんを初めて知ったのは留置場で読んだ堀江貴文さんの著書『刑務所なう』という本だった。

「もし刑務所に行くことになったらいつか慰問で来てくれないかな……。コンサート見てみたいな」

そんな風に思ってはいたが、タイミングよく慰問に来てくださるわけがない。半分諦めていた時に刑務官から突然のコンサート開催の発表。多目的ホールにはＰａｉｘ２さんのポスターが張り出され、私をはじめ受刑者のテンションは上がっていきコンサートを心待ちにしていた。そして２０１９年11月17日日曜日その日はやってきた。

Ｐａｉｘ２（ぺぺ）さんのライブ、ワクワクドキドキ。こんな気持ちになったのは何年ぶりだろうか……むしろこのワクワクドキドキ感を忘れてしまっていて、この気持ちにどう向き合ったらいいのか若干戸惑いもあった。社会にいたら絶対にそんなことにならない。それだけ刑務所という場所は刺激のない空間なのだ。体育館へ入るとコンサートの機材が既にセッティングされていた。今までの慰問とはまた一味違う雰囲気があった。

コンサート開始前は相変わらず刑務官による怒号が体育館に響き渡る。「目を閉じろ。手は膝の上、話をするな。キョロキョロするな」。楽しいコンサートの前とは思えない重々しい空気。楽しみにしているコンサートの時くらいはおおめに見てくれよ、と思いながらも刑務官に言われた通りに静かに待つ私。

午前10時、幕が開きステージ上にキラキラ輝く女性が現れる。「生のＰａｉｘ２さんだ！」そう思った瞬間勢いよくスピーカーが音を奏で始めた。初めて見るお二人の姿、そして心に響くとても綺麗な歌声。一瞬で虜になってしまった。たくさんの曲を歌って下さったが、その中でも印象的だったのが「元気だせよ」と「歌いたい」という曲。

「元気だせよ」の歌詞の中に「後悔するな」「諦めるな」「今日を信じろ」「明日はある」お二人の笑顔と明るく勇気のでる音楽とその歌詞が、私の心を震わせた。サビの「元気だせよ」の部分ではコンサートに参加している受刑者みんなで拳を上に突き上げ、コンサートを盛り上げた。こんなに受刑者に一体感が生まれるのは刑務所ではほとんどと言っていいほどない。それもまたなんだか新鮮で面白かった。

「歌いたい」の歌詞の中に「歌えるだけでも幸せなんだと気が付く」という歌詞があった。

その歌詞を聞いた時、幸せというのは裕福な暮らし、お金がたくさんあることだけではない。自分の好きなことが好きな時に自由にできることが本当の幸せなんだと改めて気が付かせてくれた。Ｐａｉｘ２のお二人の素晴らしいハーモニーに心を癒された。

気が付くとＰａｉｘ２の世界観にみんなが夢中になっているのがわかった。それは受刑者だけでなく周囲の警備にあたっている刑務官も同様だったように思えた。

Ｐａｉｘ２さんのＭＣでは色々な裏話も聞くことができた。島根あさひ社会復帰促進センターでのコンサートは10年ぶり2回目の開催で今日が４９４回目の刑事施設でのコンサート、デビューから20年ずっと続けていて、昨日は長崎から島根まで車で機材を運びながら移動してきたとのこと。車で全国の施設を回っているって凄すぎるし、ここまで続けていることも凄すぎてＰａｉｘ２のお二人が口を開くたびに驚くばかりだった。

「今日コンサートで歌わせてもらった曲はこちらのＣＤに入ってます！　よかったら購入願箋を書いて報奨金か領置金で買ってくださいね！」。受刑者あるあるネタや刑務所でしか使われない言葉を時折混ぜてしっかりエンターテイメントとして笑いを誘う感じもとっても面白かった。

Ｐａｉｘ２のお二人は、刑事施設だけではなく外でもコンサートをしているというようなお話もしていた。それを聞いた私は「よし、出所したらお二人のコンサートに必ず行こう、そしてあの時はありがとうございました、本当に元気もらいましたと感謝の気持ちを伝える」。そんな夢を抱いた。あっという間の一時間のコンサート……刑務所で過ごしてきた中で一番時間の経過が早く感じられた。

11時過ぎ、夢のようなお二人との時間は終わりを告げた。Ｐａｉｘ２のお二人は本当に好きなことをやっているんだなって心から感じることができたし、人に感動を与えられるって凄くかっこいいなって思った。もちろん好きなことをやるには、大変なこともつきまとってくる。それでも困難を乗り越えて自分の好きなことをやり人を笑顔にすること、人のために生きること。それが自分のためになっているということ。そういう生き方が大切で幸せなんだって教えてくれた気がした。

出所後、私はＳＮＳでＰａｉｘ２のＭＡＮＡＭＩさんと繋がることができ、出所した年にＰａｉｘ２さんのコンサートへ参加。お二人とご対面、お話をさせて頂き刑務所で見ていた時に抱いた「Ｐａｉｘ２さんへ感謝の気持ちを伝える」という夢を叶えた。夢は現実になる。思い続ければ……。必ず。Ｐａｉｘ２さん心から感謝です。これからも受刑者の皆様に希望や夢を抱かせ続けて下さい。

仮釈放審理のための第一回面接

刑務所へ収監されてから3年10か月が過ぎた、この日は矯正指導日で作業がなかったので、部屋で『マキャベリの君主論』を読んでいた。すると突然部屋の鍵がカチッと音を立てて開き、スピーカーから放送が流れ私に何か言っているようだったが、よく聞き取れなかったので部屋を出て更衣室前まで恐る恐る行ってみると、アルソックの警備員さんに「面接です」と告げられた。

突然のことに驚きを隠せなかった私は緊張から心臓の鼓動が早くなり、手足に汗がにじんでくる。「常に冷静に、怯えない、気負わない」と自分に言い聞かせ落ち着かせながら、長い外回廊を一人歩き面接室へ向かう。監視カメラはそんな私をひたすら追っている。

面接室の前へ着くと分類担当の刑務官がいた。親しい間柄刑務官だったのが、「おうやっと面接だな。そこで待ってろ」と声をかけられ、約2分後面接室へと案内された。保護観察官による仮釈放審理のための第一回目の面接、受刑者の間では通称「準面」と呼ばれているものだ。

この「準面」は仮釈放の3か月前~9か月程前に行われることが多い。準面が来れば出所が近いことを受刑者が知ることとなる。面接では事件のことや交友関係、家族についての話や刑務所での生活で規律違反はあったか、どんな勉強をしていたのか、どんなことを考えていたのか、引き受け人についてや自身が出所してからの将来はどのように生きていくのか、被害者への思いや被害弁済についてどう考えているのかなどを質問され、私はこれまでの思いを心の底から素直に伝えた。保護司の男性はうんうんと頷き、私の話を目を見ながら一生懸命聞いてくださる。そしてとても物腰が柔らかく話され知性溢れる受け答えでとても好印象だった。

面接が終わり部屋へ戻る。部屋から見える多目的ホールの時計は12時を過ぎたあたりだった。部屋を出たのが11時前だったので、面接の時間はだいたい40分程度だと思うがとても長く感じた。そして緊張が解けてどっと疲れが押し寄せると同時に、出所への期待感ともっと勉強したり、自身を戒めなくてはならないと改めて決意した。

それから一か月が過ぎようとしていた頃、私は自動車部品のライトを作る工場で作業をしていた。作業終了時間10分前、刑務官に突然名前を呼ばれた。

「お前もな、そろそろ面接が近いと薄々感じているかもしれない。仮釈放の面接に向けての冊子はもう読んだか？　早急に読むことをおすすめする。それはお前が決めることだけどな。もしわからないことがあれば、明日の運動時間までに俺に聞きに来い」

どういうことだろう。本面接が近いということか……本面接とは、更生保護委員会の委員による面接。この面接が行われ仮釈放が決定すると最短で4〜6週で仮釈放前指導、通称「釈前」へと移動になり約2週間の指導後、仮釈放される。私は作業終了後、少しドキドキした気持ちを抑えながら、面接に向けての冊子を読み込み頭と心に叩きこんだ。就寝時間になり灯が消えたが、面接のことが頭から離れず熟睡することができなかった。

次の日、手が痺れるくらいの寒さの中、午前中の運動時間に担当刑務官に呼ばれた。

「何か面接でわからないことはあるか？　お前の場合は控訴理由を聞かれると思うからそこはしっかり説明しておけよ。そして正直にゆっくり落ち着いて話せ。そして頑張ってな」

刑務官はいつ面接とは言わなかったが、なんとなくの勘で今日だろうなと感じていたが、それも束の間……運命の時間はすぐに訪れた。「これから本面接な」。一瞬ドキッとしたが、その気持ちを抑えるかのように面接室へ向かう廊下で自分にこう言い聞かせた。「保護委員の方は社会復帰を応援してくれている。決して敵ではない。仲間なんだ。仲間と話すことに嘘も緊張もいらない。正直に誠実に、この4年間に反省し学び感じた思いを素直に話せ」。不安は消え逆に胸が高まった。

面接室のあるフロアへ行くと、分類の刑務官が出迎えすかさず「おう。今日はなんて聞いてる?」と聞く。私は「本面接です」と答えるとにこやかな表情を浮かべながら「そうだ。本面接だ」と答えた。なんだか私よりも嬉しそうな表情だったように思える。

いよいよ本面接が始まる。扉を開けるとそこはおよそ10畳より広いくらいのスペースが広がる。まるで社長室のような応接間のような高級感のある雰囲気の部屋だった。目の前には椅子があり、その前には大きな机と40~50代くらいの女性保護委員さんが座っていた。コロナ対策なのか、机の前にはアクリル板が立てられていてマスクを着用していた。

「称呼番号、氏名!」と、分類の刑務官が号令を出す。私は自身の称呼番号2716番と苗字を腹の底から大きな声を出して答えた。

「こんにちは。よろしくお願いします。お座りください」。優しい保護委員さんの声が私の大きな声の余韻を打ち消すかのように部屋中にこだましたように聞こえた。面接は淡々と行われていった。事件を起こしたきっかけ、受け取った報酬について、今現在起こした事件についてどう思っているのか、妻との離婚について、子供と離れて暮らすことになりどう思うのか。被害者への弁済について。被害者の方々へどのように思っているのか。刑務所内での生活はどのように送っていたのか、また出所後の仕事は何をしようと考えているのか、などなど。

約50分に渡り質問をされ、必死に正直に心からウソなく思いを伝えた。緊張していたのだろう。手汗も脇汗もたくさんかいてしまった。保護委員さんに「最後に何か伝えたいことはありますか?」と言われ、私の過ごしてきた4年の受刑生活で感じていた思いをぶつけようとした時、感情が高ぶってしまい涙が出てきて言葉が詰まってしまった。己の中で「ここが集大成だ」と勝手に感じていたのかもしれない。

在務中に、妻からは離婚してくれと依頼され、それも仕方がないと思いつつも、その時の、どこへも向けようのない怒りと哀しみが一挙に溢れる。

「すみません……言葉が出てこなくて……」と一度伝えると保護委員さんは静かに笑顔で落ち着くのを待ってくれた。頭と気持ちを整理し、自分の思いを今までにない情熱を込めて伝える。

「自ら何事にも積極的に動き、毎日を大切にし目標に向けて取り組んで行きます。人が喜ぶことを人のためにします。必ず」。そう伝えると「それだけの目標があれば大丈夫ですね。目標達成に向けて日々頑張ってください」と、保護委員の方は優しく微笑みかけながらエールを送ってくださった。

面接終了後……分類の刑務官に「面接終わったんだから、落ち着いて生活しろよ。問題起こしたらもったいないぞ」とアドバイスをもらった。

面接帰りの回廊を一人歩く。なんとも言えない高揚感と疲労感が身体と心の中を包み込む。嬉しいけれど、ここで調子に乗ったらだめ。面接は通過点。一つの結果であり、一瞬だけ喜んで切り替えて自分の目標へ向けてまた歩みだすことが大切。そのように言い聞かせながらも少しだけルンルンで工場へ帰った。

待ち構えていた担当の刑務官に本面接終わりましたと報告すると「よし、よくやった。そうだ、中髪にできるけれど願箋《がんせん》今書くか？　でも午後に面接の受刑者がいるから、その子の中髪願箋は時間の関係で今日中に処理できないな」と言われた。本面接が終われば受刑者は釈放に向けて髪がのばせる。同じ日に面接なのに午前と午後だけで中髪にできないのはなんだか不公平すぎる。私は「あ、今度で大丈夫です、だってかわいそうじゃないですか」と伝えると担当刑務官は「いい奴だな、よし作業に戻れ」といつもの顔に戻り作業へと戻った。

被害者の方への思い

出所が近くなるにつれて事件の被害者の方々や、私が過去に騙し事件になっていない被害者の方々の心情を深く考えることが多くなった。被害者の方々が度々口にした「なんだか狐につままれたような話」と言っていたことが脳裏に焼き付いて離れない。また「お金早く返してください」と咽び泣かれた。その泣き声を思い出すだけで心が傷む。

車を売らせてその売ったお金を騙し取ったこともあった。生命保険を解約させたお金を振り込ませたこともあった。被害者の方が20代の頃から定年まで一生懸命貯蓄してきたお金を一瞬にして奪い去ったこともあった。一度騙した被害者の方に手口を変えて更にお金を騙し取ったこともあった。お金が取れなかった人には腹いせに宅配ピザを送りつけたり、寿司を送りつけたり、思い切り電話口で罵倒したり、たくさんのガラの悪い人間が毎日押しかけて、隣近所から何からあなたの悪事を言いふらすと、脅迫まがいのことをしたこともあった。

罪を犯していた頃の自分は、鬼畜かつ外道の極み。人ではなかった。自分の欲望を叶えることしか頭になく、他人の幸せや喜びなどどうでもよかった。過去の所業を思い出せば思い出すほど自分のことが嫌になり、被害者の方々へ申し訳ないという気持ちが更に強くなっていった。

それでも正直に言うと出所後の将来に対して不安は尽きなかった。またお金がなくなったら再犯の道へ進むのではないか。社会に出てキャバクラや風俗店に魅せられ、高価なブランド品を求めてお金のことだけを考えてしまうのではないか……。絶対にそれはないと言い聞かせても、自分自身その欲望に勝てるのか自信がなかった。不安を払拭するため私は担当の刑務官に相談をしてみた。

「このような人間は再犯する、こういう人間は再犯しない。そういうのってオヤジから見てどんな人でしょうか。出所後の参考にしたいので、アドバイスをお願いします」

微笑みながら話を聞いていた担当の刑務官は一瞬真顔になり、それからゆっくりと私に諭すように話をしはじめた。

「受刑者っていうのは出所すると懲役のことを三日で忘れる。それはなぜかわかるか？社会は欲望がうずめく場所、スマホにネット、女、酒、たばこ、薬物の誘惑に気づかないうちに溺れてしまう人間がたくさんいるんだよ。そういう人間が再犯をしてしまう。再犯刑務所で勤務していた頃もあるから何人もそういう人間を見てきたよ。だからこの刑務所で考えたこと、反省したこと、やりたかったことを絶対に忘れないために、今のうちに自分への戒めとして綴っておけ。そして社会に出て定期的に見返せ。社会に出るとな、時間に追われて刑務所でやろうと決めていたことができなくなるからな」

担当のオヤジの言葉が胸に突き刺さる。刑務所で考えたこと、培った精神、被害者への思いを忘れないために必ず綴ったノートを見返すことにしよう。迷いが生じたら原点にかえることが大切なんだと理解した。それと同時に、これまでの刑務所生活での気づきを日記として綴ってきたことは間違いではなかったということに自信が持てた気がした。

二度と罪を犯すことなく生きる。私は刑務所へ収監され一度死んだ身。社会復帰はこの世に新たな命を授かり、天に生かされていることを肝に銘じ、人が喜ぶことを人のためにしていく、被害者の方々へ償いの気持ちを持ちながら生きていくことを決めた。

仮釈放

その時は突然訪れた。2021年1月7日木曜日朝一、私の部屋に担当の刑務官がやってきて笑顔で「引っ込みね」と告げられた。引っ込みとは刑務所用語、正しくは釈放前の指導の部屋への移動を指す。13日後に刑務所を出所することができる機会が与えられたということを意味する。

「また釈放前指導の部屋に顔を出すよ」

刑務官の言葉が感慨深かった。

釈放前指導の部屋へ移動すると、刑務作業はなくなり、社会復帰に向けて様々なことを行うようになる。生活保護の申請についてや保険などの手続き、ハローワークでの仕事の見つけ方、出所後保護観察所へ出頭する際の注意事項など、多岐にわたって教えてくれる。帰住地までの交通費半額は刑務所で負担してくれたり、洋服がない場合は新品の服を支給してくれたりもする。

釈放前指導の部屋で考えていたことは、自分が本当に社会へ出られるのかという不安、社会に今更出ても何もできないのではないか、どうしてもマイナスな方向に考えてしまっていた。一方で、これまでの経験や学びを生かして必ず社会に貢献するという強い決意もあった。私の心はどこかカオスで釈放前指導の部屋に来てから少し微熱が続いていた。

2021年1月20日水曜日、朝食は受刑者が作るコッペパン。私はパン作りの職業訓練でこのパンを作っていたことがある。刑務所最後の朝食は4年2か月の受刑生活を振り返るかのように噛みしめて頂いた。目を瞑ると……2015年に逮捕されてからの食事の光景が目の前に映し出される。

留置場ではご飯もおかずも冷えた弁当を毎日食べていたこと、検察庁へ取り調べに行くとスティックのようなパン二本と牛乳を昼ご飯に与えられ、トイレの臭いがする待合室で手錠をかけて黙々と食べていたこと。東京拘置所で食べたうなぎ、島根あさひ社会復帰促進センターで食べたA食と呼ばれるご飯の量が多かったり、コッペパンの一番大きいサイズのものを食べた時の感動が走馬灯のように駆け抜けていく。ふと我に返り食事を続けるも頭の中にある言葉がよぎった。

「刑務所を出所する日の食事を残すと、また刑務所へ戻ってくることになる。それくらい食べ物の念というのは強いもの」

誰に言われたか、どこでこの言葉を聞いたのかは思い出せなかったが、凄く気持ちが悪いので残さずに綺麗に食べ、心から「ごちそうさまでした。受刑生活中は食事が取れて本当に嬉しかったです。心から感謝します。ありがとうございました」と心の中で呟いた。

朝食後すぐに荷物をまとめ整列、いよいよ仮釈放に向けて動き出す。私たちは島根あさび社会復帰促進センターへ収監された際に最初に訪れた領地調べの部屋へ通された。そこで4年2か月ぶりの私服、そしてスマホや現金を見る。なんだか一気に娑婆感が出てきたと感じた。4年2か月分の報奨金約15万円を手渡され財布にしまう。今まで頂いたお金の中で一番ありがたく尊いお金だと心から思ったが、この15万円を元手に何をしようか……そして何を購入しようか。スマホの購入……洋服や下着も何もない。いや待てよ、遣ってしまったら一瞬でなくなってしまうどうしたらいいんだろう。

そんな風に頭の中で考えていると、「これから仮釈放式を行うから移動するぞ」と刑務官からの呼びかけられる。私は、再度整列し式の行われる部屋へ案内され仮釈放式が始まった。

「君たちは本日社会に戻るわけだが、刑が終わったわけではない。あくまで社会で刑期をまっとうする形になるだけだ。もし何か問題を起こせば仮釈放は取り消され刑務所へ戻ることになることを忘れずに。そして無事に刑期を終え、まっとうに生きて社会貢献して行ってください」

センター長代理の言葉は重かった。仮釈放式は10分程度で終了、「じゃあこれから玄関に移動するから気を付けて歩くように」と刑務官に先導されながら通路を進む。これまで見たことも通ったこともない迷路のような通路をどんどん進んでいく。「これは刑務所から脱走できないな」。歩きながら思った。

通路が段々と明るくなっていく感じがする。娑婆の匂いを感じる。これまでの刑務所生活が走馬灯のように蘇りながら通路を突き進む。最後の扉を開けると、そこは自動ドアのある正面玄関。受刑者の家族がお迎えに来ていて駆け寄って抱き合いながら泣いていた。私も他の受刑者と握手を交わし笑顔でお互いにおめでとうと称えあうと同時に、「これから更生に向け、社会貢献に向けて頑張ろう」と誓いあった。

自動ドアを出ると澄んだ空気と眩しい太陽が照りつけていた。私は島根あさひ社会復帰促進センターへ深々とお辞儀をし「ありがとうございました」と心の中でお礼を告げた。

2021年1月20日木曜日私は仮釈放された。

高速バスで広島駅、そして東京へ

島根あさひ社会復帰促進センターを出所後、仮釈放された受刑者は近くの高速バス停留場へ案内され、顔なじみの刑務官とバスが来るまで談笑をしていた。施設内で見る刑務官の顔と施設の外で見る刑務官の顔はなんだか全く違い、外で見るほうがやはり優しい表情に見えた。

広島駅行のバスが到着。仮釈放された受刑者がバスへと乗り込む。バスが発車すると刑務官の方がバスが見えなくなるまで手を振ってくれていた。もう二度と悪いことはしない。罪は犯さない。改めて気の引き締まる思いだった。バスの中で一緒に仮釈放された受刑者と話をする。

「なんだか信じられないですよね。こうやって自由に誰の監視もなく話ができるって幸せですよね！」

こういった社会ではごく当たり前のことが私たち受刑者にとっては当たり前ではない、素直に嬉しく感激し感謝の念を抱くようになっていた。

話はどんどん盛り上がり、これからどんなことをするのか、将来の夢や目標について仮釈放された者同士で語り合った。バスから見える車窓の風景が森林からどんどん近代的になっていく。

街の風景を生で見るのは実に4年2か月ぶり。

「マクドナルド！　おお！　セブンイレブン！　もみじまんじゅうのお店！」

次から次へと行きたくても行けなかった場所が目に飛び込んでくる。

「娑婆って凄いな。自由って本当に素晴らしいな」

涙が出そうになるくらい感動していた。

そしてバスは広島駅バスターミナルへ到着。バスを降りると二人の友人が迎えに来てくれていた。「おおおおおおおお！！！ 本当に本当にありがとう！」。私の友人への第一声だった。「相変わらず声がデカいよ！笑」、「お務めご苦労様でした」。それぞれ友人が労いの言葉をかけてくれた。感謝の海に溺れそうなくらい感謝した。広島駅で宮島名物あなご弁当とオロナミンCを購入、新幹線に乗車し久しぶりのあなごとオロナミンCを満喫したのだが……新大阪あたりでお腹をくだし、名古屋手前までずっと腹痛と戦う羽目に……。慣れない娑婆の食事の洗礼を受けてしまった。

新幹線が東京へ到着したのは夕方前だった。久しぶりの東京、しかしコロナのせいもあり思っていたよりも人が少ない。そのまま私は山手線に乗り換えた。山手線が新車両になっていてとてつもない違和感を感じそわそわしながら、有楽町駅へと向かった。有楽町駅から数分歩くと東京保護観察所が見えてきた。仮釈放された受刑者は必ず保護観察所へ出頭しなくてはならない。

なんとか観察所が閉まる午後5時ギリギリで到着することができた。保護観察所へ到着すると、担当の観察官の方と面談を行った。面接官の方には「今日じゃなくてもよかったのに」と言われた。

実は仮釈放の次の日に観察所へ出頭すればよかったのだが、できるだけこういった大切な手続きは早く終わらせておきたいと考えたということを伝えると「なるほどね、まぁ、そのほうが明日からゆっくりできるからいいと思うし、あなた真面目だね」と褒められた。

保護観察官との話は、刑務所ではどんな過ごし方をしていたのか、出所してからどのような暮らしをするつもりなのか、色々と質問をされたので、刑務所で行われた仮釈放に向けての本面接で答えた内容をそのまま観察官に伝えると、「そういう目標があるのはいいことだね。更生に向けて頑張ってきたのがわかる」と納得してくれた。

それから仮釈放中の生活について指導を受けた。保護司さんのところには必ず決められた日に行くこと、共犯関係にある人物と接触しないことなど色々な決まりを再確認した。最後に「仮釈放がゴールではないからね。これからがスタート、本当の勝負。応援しているからね」と激励の言葉を頂き、保護観察官による面接は終了した。

保護観察所を出た私は、外で待っていてくれていた友人たちと再合流した。友人の一人が私に「そういえばお前携帯どうするの？　持ってるの？」と聞く。ポケットから私はアイフォン6を取り出すと「もうそれ使えないよ。新しいの買わないと話にならないぜ、今の時代。とりあえず携帯買いに行こう」。

そっか、まずは携帯か。ずっと携帯のない生活に慣れていたので気が付かなかった。そしてこのアイフォン6がもう使えないってことがにわかに信じがたかった。なぜなら私はこのアイフォン6を購入してまもなく捕まったのでまだ新しいものだという記憶が残っていたからだった。

大手家電量販店に行くと色々な音が耳の中に入ってくる。全てが雑音に聞こえた。刑務所はこんなに色々な音が重なって耳に聞こえてくることはなく、とても静かな環境だったからだ。それから目に飛び込んでくるのは、様々な色、情報、あまりにも情報量が多すぎて頭の中で処理しきれず片頭痛を起こし始めた。それでも携帯は買わなくてはならない。とりあえず一番新しいアイフォン12を割賦契約で購入。私が食べ物飲み物以外で刑務所を出所して初めて購入したものはスマホだった。

そのスマホを手にした時、テクノロジーの進歩に驚いた。写真は高画質になっているし、ネットの接続もめちゃくちゃ速い。インスタグラム、ティックトック、様々なアプリ、どれも目新しくどうやって使うのか、見るのかもわからなかった。そしてネットを見ていて感じたことは広告の多さ。とにかく接続すると広告が出てくる。特にお金の広告。資産運用やこうやったらお金が儲かりますなどの画像とテキストが現れる。私が捕まる前はこんなに広告出なかったのにな。完全に浦島デジタル太郎状態になっていた。

スマホを購入した後は居酒屋へ移動。友人たちが出所祝いを開いてくれた。4年2か月ぶりのビールで乾杯。飲んだ瞬間とてつもないキレと喉越しを感じた。お刺身や唐揚げ、天ぷらにお肉など刑務所では絶対に食べられない豪華な食事が所狭しと並ぶ。お腹をまた下すのではないかと一瞬ひるんだが、その不安に対し食欲が勝る。次から次へと貪るように頬張った。ほんの少しまで刑務所に居たことということを一瞬で忘れさせるような気分になり、まるで竜宮城にでも来たかのような気分で宴を楽しんだ。奢ってくれた友人たちには本当に感謝し心からありがとうを伝えた。

4章　闇バイトの実態

犯罪撲滅活動家としてのスタート

「3日間勤務して頂ければ50万円は必ず稼げるので安心してくださいね。とりあえず一度やってみて稼いでから辞めて頂いても大丈夫です。リスクもないですし、先日入社頂いた新人さんは7日間で250万円は稼いでいましたよ。凄いですよね」

まるで子供を諭すかのような物腰の柔らかい優しいトーンで話す男性。そうこの相手は闇バイトのリクルーター。天使のような悪魔の声を操り、応募者を犯罪の道へと言葉巧みに誘う。

私は刑務所を出所後、犯罪撲滅活動家として日々SNSや様々なメディアを通じ自身の経験から防犯対策や、罪を犯すとこんな人生になってしまうということを発信している。また、闇バイトへ囮として応募し、その実態を暴き社会へ闇バイトがいかに危険かということを発信している。結論から言うと闇バイトは「犯罪者の生贄」であり破滅しか生まない。絶対にやってはいけない。私はそう断言する。

現実の闇バイト潜入取材記録を基に、闇バイトの実態を皆様に伝えたいと思う。

闇バイトはどこで募集しているのか

闇バイトは各種ＳＮＳ上で常に募集されている。「X（旧ツイッター）」や「インスタグラム」への投稿が目立つ。その他にも各種大手掲示板の求人募集欄へ書き込みがある。そこにはほぼ大体同じようなワードが並んでいる。次のようなワードが文章の中に入っていたら危険なので、興味本位でも絶対に連絡をしてはならない。

「日給20万円以上！　月収２００万円以上可能！」、「本当にお金が必要な方」、「稼ぎたい方」、「海外案件」、「先払いや保証金ありません」、「日払い可能」、「短期可能でシフト自由」、「勤務地相談可能」、「自宅で荷物を受け取るだけ」、「かんたん荷運びライダースタッフ」、「年齢性別不問」。このような見た人の感情を揺さぶるワードが所狭しと並ぶ。

最近の募集手口として、お金を貸しますという個人融資掲示板で、「お金を貸すと借金が増えて苦しくなります。こちらで良い仕事があるので紹介します」、「未成年者にはお金が貸せないので、あなたの希望金額を稼げる仕事を紹介します」などと闇バイトへ誘引するパターン、「副業しませんか」、「リスクのある闇バイトなんてやってはいけません」、「闇バイトは捨て駒にされて終わります」、「捕まりたくないですよね」、「手厚いサポート体制ありなので安心」などとあたかも闇バイトではないように見せかけ、実際に応募し仕事を請け負ってみると、実は闇バイトで逮捕されてしまう事例なども多数発生している。

ほとんどの闇バイトが、SNSや掲示板から「テレグラム」や「シグナル」「セッション」といったみなさんがよく使用しているLINEのような通信アプリを自身のスマホへインストールするよう指示をされ、そのアプリを使用して闇バイトのリクルーターとのやりとりが始まる。このアプリは秘匿性が高く、消去したメッセージを復元できなかったり、逆探知をされても追われないなど闇バイトリクルーター側にとって様々なメリットがあるアプリだからだ。

報酬の高さに目が眩み、安易にSNSやネットの掲示板でアルバイトや仕事の募集をしている書き込みに食いつくのは危険だと声を大にして伝えたい。何の資格も過去の実績などもない人材をそのような高額の報酬で雇う仕事はこの世にはほぼ皆無だと思ったほうがいい。そんな高収入の仕事なら募集をかける側の身内に仕事をまわして行くはず。身内で仕事をまわさないのはリスクという理由があるからだ。少し立ち止まって想像力を膨らませればわかることだと私は伝えたい。

どんな闇バイトがあるのか

単に「闇バイト」と言ってもその種類は豊富。では具体的にどのような闇バイトがあるのかここで見ていきたいと思う。

■特殊詐欺に加担させられてしまう闇バイト

現金やキャッシュカードを直接被害者の元へ受け取りに行く「受け子」、被害者から騙し取ったキャッシュカードを使用し金融機関のATMからお金を降ろす「出し子」、詐欺の電話を被害者へ掛け言葉巧みに相手を騙す「掛け子」。

掛け子に関しては日本国内での募集の場合と海外での募集の場合の2つのパターンがある。日本国内の場合、最近の手口は、以前のように大きな事務所や1ルームマンションなどで複数人で電話をかけるようなことはなくなった。摘発リスクを最小限に抑えるため、最新の手法では一人暮らしの掛け子の自宅で他人名義のスマートフォンを二台貸与し、一方のスマートフォンでスカイプフォンと呼ばれるアプリのインターネット電話を使用し、もう一方のスマートフォンでは上層部からテレグラムで送られてくる名簿へ騙しの電話をかけるのだ。個人宅で掛け子が詐欺を行なうメリットは警察も内偵を入れずらく摘発が困難になるから、このような形を取っているととあるリクルーターは言っていた。

また海外での掛け子に関しては、海外リゾートバイト募集、海外までの交通費、滞在費用全て会社負担、高収入、簡単なテレアポ業務などと謳っている。が、実際に海外へ渡航するとパスポートを奪われ、拉致監禁状態で馬車馬のように電話をかけさせられる。逃げたらどうなるかわかってるだろうなとばかりに、国によっては監視役のボディガードが銃を装備していることもあり、逃げるに逃げられない。

他にも闇バイト人材を派遣するリクルーターになりませんかという闇バイトも募集しているが、逮捕されれば窃盗罪や詐欺罪が適用され有罪判決を言い渡されることとなる。

■荷物運びや受け取りのの闇バイト

自宅に海外から届く中身のわからない宅配便を受け取ったり、全く知らない人から荷物を受け取り指定された国内や海外へ自ら荷物を届けるアルバイト。その荷物の中身は特殊詐欺の現金、違法薬物、主に覚せい剤、大麻、コカインや危険ドラッグなどが入っている。荷物を受け取り次第、指定された場所へその荷物を運び公衆トイレなどで受け渡し報酬をもらう。

違法薬物密輸の罪は重く、私の収監されていた刑務所にいた受刑者は覚せい剤の密輸の罪で懲役6年を言い渡され服役していた。違法薬物所持だけでもその所持した量や、所持した目的によって罪の重さが変わる。また荷物を運んでいる時に警察官に職務質問をされてしまったり、密輸をした時に荷物と一緒に警察官が自宅へやってきたらその時点で人生が詰むこととなる。

■強盗や窃盗、空き巣などの実行犯の闇バイト

強盗は別名「タタキ」と呼ばれていて「TK」と闇バイトのリクルーター側が省略された隠語を使用することがある。窃盗は空き巣を指すことが多く「AKS」という隠語が使用されていることが多い。

闇バイトの内容としては、ルフィ事件のような形であらかじめアポ電と呼ばれる電話を高齢者の自宅に掛け、金品があることを探り出し、その後押し入り現金や貴金属を強奪。場合によっては被害者を拘束し暴力を振るう。また貴金属店や高級時計店に押し入り、ロレックスなどの腕時計を盗む。盗まれた現金や貴金属を指定された場所まで運び、その場

で待ち合わせた運びをする闇バイトの人間へ渡す。そこで闇バイトの報酬が支払われる仕組み。報酬は現金や貴金属、時計などの物品で支払われることもある。

また最近では世の中に出せないお金、いわゆる脱税したお金がターゲットの自宅にあることを確認し、そのお金を強奪する。被害者も表に出せないお金だから警察へ被害届を出せない。悪いことをしてお金を得ている人から、悪いことをして奪うという事案が後を絶たない。この場合、殆どが身内の中に犯行を計画する人間がいて、実行犯を闇バイトで集めて犯行に及ぶケースが多い。強盗の罪は重く、ましてや人を殺めてしまったら最高刑は死刑。破滅しか生まないだろう。

■銀行口座や携帯電話の譲渡の闇バイト

銀行口座譲渡の闇バイトは、あたかも違法性が全くないかのように募集をかけている。「口座レンタル」は相手に新規口座を開設させ、次に口座をレンタルさせてくださいなどと伝える。使用方法についての説明は、富裕層の節税対策のためお金を保管するだけなどと嘘の情報を伝える。口座の買取は違法だがレンタルに関しては違法性もなく当方の顧問弁護士の見解も問題ないと言っているなどと出鱈目を並べ信用させ口座を奪い取られ、特殊詐欺などの振込先に使用され、結果的に口座は凍結。金融機関と警察から連絡が入り、詐欺罪や犯罪収益移転防止法の罪に問われてしまう。

携帯電話譲渡の闇バイトは、「あなたが新規契約したスマホをレンタルさせてください」、「新規契約したスマホを買い取ります」このようなうたい文句で高収入を煽り、奪い取られたスマホは特殊詐欺に使用する電話や詐欺師同士の連絡用の電話に使用。

また、違法滞在外国人が購入したり、スマホを契約できない暴力団員などが使用するケースが後を絶たない。毎月のスマホ代金もしっかり支払うという約束で契約をするも、結局代金は支払われず、スマホの借金だけが残ってしまい、携帯電話不正利用防止法や詐欺罪に問われてしまう。

■公共施設への不審物の設置や怪文書の流布の闇バイト

「指定された場所へ箱を置くだけの簡単作業」、「かんたん高収入ポスティング」などと謳い、公共施設などへ不審物を設置したり、怪文書をメールや郵送で送付するという闇バイト。威力業務妨害という罪にあたるので逮捕は免れない。

他にも挙げきれない程の闇バイトがあるが絶対に興味本位でも応募しないで頂きたい。

■闇バイトの応募フォーム通称「フォーマット」とは

闇バイトに応募するとリクルーターから必ず要求されるのが、「フォーマットへの記入」このフォーマットというのは応募フォームのようなもの。すなわち履歴書だ。この履歴書の内容を記述しなければ基本的には闇バイトを始めることはできない。なぜならリクルーター側は闇バイトによるお金の持ち逃げを恐れているからだ。これから紹介する闇バイトのフォーマットというものがどれだけ恐ろしいか、もし今自分が闇バイトへ応募したと想像しながらその目で確かめて頂きたい。

【記入し返信する内容】
◆氏名◆生年月日◆現住所◆携帯電話番号◆テレグラムやシグナル、セッションのＩＤ
◆勤務先の会社や大学、専門学校名◆所在地◆電話番号
◆緊急連絡先として両親の名前◆実家の住所◆実家の固定電話番号◆親の携帯電話番号
◆経費や給与の振込先口座

【必要な写メと動画】
◆顔写真付きの身分証明書（表裏）の写真◆顔写真付き身分証明書を手に持った状態での自撮り写真◆直近2か月以内に発行された公共料金か携帯電話代金の請求書または領収書◆自宅玄関前から本人の顔が映り込むようにして部屋の中へ入室するまでの様子◆集合住宅の場合は建物名、部屋番号、一軒家の場合は表札や郵便ポストが必ず映り込むよう撮影された動画。

おわかり頂けただろうか。このフォーマットと呼ばれるものは闇バイトへ応募する者の個人情報、身分証明書や部屋の中などほぼ全ての個人情報を闇バイト側に把握されてしまう。つまり丸裸に近い状態になってしまう恐ろしいものなのだ。

リクルーターは闇バイトに応募してきた人間の個人情報を利用して万が一お金を持ち逃げした場合は、把握している範囲の連絡先に片っ端からいやがらせをし、闇バイトを退職したいと伝えられた時には、「君がやってきたことは犯罪。我々はあなたの個人情報を全て把握している。どの被害者の自宅へ行きお金を奪ったかもわかっている。この情報を警察へ提供する。あなたは逮捕されて刑務所へ行くことになる。それでもいいのか。そうされたくなければまだこの闇バイトを続けることだ」などと脅し闇バイトを辞めさせないように仕向けるのだ。

現在メディアなどの報道により、闇バイトへ応募する人間は減少傾向にあり、闇バイトをする人間が見つからないとリクルーターは嘆いている。囮で潜入した際、どのリクルーターも常々同じようなことを口にすることが多くなってきた。

「今、案件、(詐欺の被害者からお金を受け取ったりキャッシュカードを受け取ること)はたくさんあるんですが、人出不足なんですよ。しっかり真面目に仕事をして頂けるのであれば報酬もすぐにアップさせて頂きますし、ずっと続けて頂けるのであれば将来は幹部候補にもなって頂きたいです。詐欺の案件だけではなく他にも稼げる仕事をこれから立ち上げる予定なので。それと他の業者とは決して連絡などを取らないで頂きたい。こういう仕事でも人を大切にし人を一番で考えているのはうち以外ないと思うんですよ。他のところなんて使い捨てだったり、万が一逮捕された時に弁護士を入れてくれなかったりとか、本当に酷い扱いされますよ。うちはリスク管理も徹底しているので安心して働いてもらって大丈夫ですから」などとまるで一般企業の人事のような感じで優しい口調で親切丁寧に語りかけてくる。話を聞いていると真っ当な仕事なのだと勘違いしてしまいそうになるが、決して詐欺師の口車に乗ってはならない。

闇バイトリクルーターと接触

【注意】絶対に真似はしないでください。逆恨みを買い報復を受ける可能性があります。

2023年6月、私は某大手掲示板の求人募集欄でこんな書き込みを見つけた。

≪高収入裏バイト・裏稼業≫本当にお金がない方、職に就けず困っている方、生活費が不足している方、借金が返せない方気軽にご参加ください。

報酬25万から200万、日払い、最高で600万も。気軽に稼げます。バックレはやめてください。

・高校生から69歳まで可能！
・案件いくつかございます。
・正社員よりも稼げてしまいます。

・単発～長期可能。
・国籍不問、リスクなし
・性別不問、リスク完全保証！
・質問などの対応可能！
テレグラムをインストール後下記のＩＤにお問い合わせください。
https://＊＊＊/＊＊＊

闇バイトの実態を把握し、ＳＮＳで危険だということや最新の情報を拡散し、メディアなど皆さんの目に触れるよう拡散したかった私は敢えてこの闇バイトへ潜入しようと決め記載されていたテレグラムのアドレスを自身のテレグラムに友達追加し、メッセージを送信した。

「初めまして。某掲示板を見ました。よろしくお願いします」

するとおよそ10分後私のスマホが鳴った。闇バイトのリクルーターからだ。テレグラムを開くとこんな内容が記載されていた。

「ご連絡ありがとうございます。まず、氏名、年齢、性別、住所を教えてください」

本名や実際に澄んでいる場所を教えるわけにはいかない。私はすかさず嘘の情報をリクルーターへ教えた。

「お返事ありがとうございます。吉田武、35歳、男、埼玉県に住んでいます」

するとすぐに既読になり、返事がくる。

「ありがとうございます。都内とかは行けますか？」

どうやら都内で闇バイトがあるらしい。私はすかさず「都内は行けます」と返事をした。

すると2分後さらに返事が届く。

「了解です。案件はどちらを希望しますか？　こちら案件いくつかございます」

案件というのは恐らく闇バイトの仕事の種類のことだろうと察したが、敢えて知らないふりをしてリクルーターに聞いてみることにした。

「ごめんなさい。案件というのがわからないので、どういうことなのか教えてもらえませんか？」

するとリクルーターは躊躇なくこのように返事をしてきた。

「案件とは仕事のことです。盗撮、運び、叩き、UD、掛けですね」

全部やばいものばかり。全て犯罪行為だろうと察した。私はさらに質問する。

「裏の仕事なのはわかっているんですが、あまりリスクがなくお金が稼げる仕事がいいです。何かないですか？」

リクルーターは即レスした。

「それだと凸か破壊をお勧めします」

凸か破壊？　私も裏社会には精通しているが、これまで聞いたことのない言葉が出てきて少し困惑したが、そのまま会話を続ける。素直に凸と破壊が何なのかを聞いてみようと思った。

「凸、破壊という仕事はどんな仕事ですか？」

リクルーターは丁寧に説明をする。

「凸は市役所の職員を装って家の中に入って調査をする仕事となります。破壊はその方の家のドアノブなどを破壊するお仕事となります。具体的に言うと鍵穴を接着剤で埋めてドアに落書きをする仕事です」

仕事じゃないだろ。住居侵入罪、器物破損罪が適用される犯罪だよ。なんてことは伝えず、「ありがとうございます。理解しました。給料はいくらくらいもらえるのでしょうか？」と続けて質問した。

「給料は凸の場合50万円、破壊は20万から70万円です」

1回あたりの金額のようだ。これだけの報酬がもらえるとなるとかなり危険でリスクが大きいことが予想される。私は闇バイトは危険だということを理解してリクルーターと接しているため、お金に対して感情が揺らめくこともないのだが、闇バイトの危険性を知らない人やお金に困っている人、稼ぎたい一心の人はこの金額を見て「おいしい」と感じてしまうかもしれないなと思った。私はリクルーターと更に会話を続ける。

「凸の調査は一人で仕事をする感じでしょうか？　それと仕事はいつでもあるのでしょうか？」

リクルーターは敬語で丁寧に返事をする。

「はい、いつでもありますよ！　通常は複数人で行います。それで今、他の人間を探しているので凸の仕事が来週くらいになると思いますけど……。ちなみに凸した際の調査の内容ですが、差し押さえみたいなものです。通常は4～5人で行く形となります。またスーツでの行動となります。調査のマニュアルはお仕事の当日にお話ししますので、ご安心ください」

調査は明らかに叩きや強盗の臭いがする。言葉を柔らかくしているだけのように聞こえてくる。

「あの……強盗とかではないですよね……ちょっと怖くて……」

リクルーターは意味深な返事を送ってくる。

「叩きではありませんよ。暴行を加えたりしなければ問題ないです。一応事前に暴れないように指示してあるので大丈夫です」

いったい何が大丈夫なんだ？　暴行を加える前提で話をしているようにも聞こえる。リクルーターは続けざまにメッセージを送ってくる。

「仕事は来週になるので用意するものを先に言っておきます。スーツ、書類、マスク、ネクタイです。書類は差し押さえ命令の書類と強制退去の書類です。こちらからファイルをテレグラムで送信するのでそれを印刷してもらえれば大丈夫です。よろしくお願いします」

そんなやりとりをしてメッセージの交換が終わった。ここまで闇バイトによくある身分証明書を送ってくださいとか、履歴書のフォーマットを記載して送ってくださいとかそんなやり取りは一切なかった。それから何も音沙汰がなかったのだが、一週間後、突然テレグラムにリクルーターからメッセージが届く。明日凸をして欲しいと。

誰かが強盗に狙われている。危険すぎる。助けなきゃ、警察へも通報しないと。私はできるだけ情報を聞き出すため一つ返事で凸快諾のメッセージを送った。そしてリクルーターにダメもとで質問を投げかけた。

「明日の凸の場所は今教えて頂くことって可能でしょうか？」

教えてくれるわけがないだろうと思っていたが……リクルーターからの返事は意外なものだった。

「場所は東京都〇〇区〇〇丁目……」と、住所と建物名が送られてきた。

嘘だろ……。私は慌ててこの住所をグーグルマップで検索した、すると幹線道路沿いにあるマンションだということがわかった。

「ここに凸？　オートロックで防犯カメラもしっかりありそうな高級感のある建物。そして幹線道路沿いという目立つ立地。本当にそうなのか？」

私はこの建物の家賃相場を調べた。やはり高い家賃だった。色々と想像を膨らませた。闇金融か詐欺の事務所がここにあって叩きに行くのか、悪いことをしている人が住んでいる個人宅を叩きに行くのか……。それとも高齢者が住んでいるのか……。色々な人間が頭をよぎるが全く特定ができない。私はリクルーターへ更に質問をした。

「本当に大丈夫でしょうか？　お金ももらえるんですよね？」

「低リスクなので安心して下さい。手袋と接着剤も買っておいてください。集合時間はマンション前に18時です。よろしくお願いします」。

すると続けざまに……、

「すみません、セキュリティ対策のためにセッションでやりとりしましょう。こちら電番号、メアド不要で秘匿性が高いので」

リクルーターからこのようなメッセージが届いた後、セッションのダウンロードURLが送られてきた。セッションアプリをスマホへダウンロードし、リクルーターから送られてきたIDを入力すると「岸鷺太郎」という名前が画面の一番上に表示された。

「吉田です。よろしくお願いします」と入力すると、岸は「よろしくお願いします。夕方このアプリでやりとりしますのでお願いします」と私に告げた。

世直しインフルエンサー軍団で闇バイトへ潜入し実際に阻止

私一人ではこの危険な闇バイトを潰すことはできない。そこで普段から一緒に活動させて頂いているユーチューバー、マルチや詐欺撃退ユーチューバー新宿109KENZOらに今回の経緯を話し、この闇バイトに集まってくるだろう犯人たちをみんなで突撃しようと決めた。世直しユーチューバー連合の結成である。

また、我々が闇バイトの人間だと警察官から疑いをかけられる可能性も高いことから、事前に闇バイトの事件現場になる可能性のある近くの警察署へ情報提供。ユーチューブ撮影のもと警察へ協力をするということ、我々が闇バイトの犯人ではないという無実の記録を作るため調書を巻き（作成）に行き、約2時間かけ我々の身柄の安全を担保した。担当した刑事からは現場へ来るなとは伝えられなかったが、過失だとしても犯行に加わるようなことは一切するなと釘を刺された。その後警察から一本の電話が鳴る。

「現場には来ないで欲しい。あなたは正当な理由なくそのマンションの○号室へ入るということを事前知っていればそれが共謀とみなされてしまう。邸宅侵入という共犯になる可能性がある。だからあなたが来てしまうと被疑者扱いせざる負えなくなる」

あの2時間の調書はなんだったのかと思わせるような内容だった。

犯行時刻予定2時間前。ユーチューバー連合が集まり作戦会議を開く。恐らく警察も現場に隠れて見張っているだろう。我々は車の中から様子を見ているのか、それともマンション死角に隠れて見張るのか……、様々な案が出る。

その間も闇バイトリクルーター岸からセッションでメッセージが届く。

「今回の参加人数は4人です。まずインターホンを押し、こんにちは、〇〇様のお宅で間違いないですか。市役所の地域安全課の岩本と申します。ちょっと話を伺ってもよろしいですか。と言ってください。その後相手が出てきたら、こんばんは。先月通販で購入された商品と他人への暴力の件に関して伺いました。まず商品の件に関してなんですが、購入に使用したクレジットカードが盗難されたクレカでして、それがあなたの住所あてに登録されてあったんですよ。と必ず言ってください。あとは任せます」

なんて雑な内容、本当に騙す気があるのかと疑ってしまう。巧妙な詐欺師であれば、もっとましな文言を考える。まるで中高生が見よう見まねで作ったようなセリフに私もユーチューバー連合も開いた口がふさがらなかった。私は岸へ再度メッセージを送った。

「そのあとは任せますと言われてもちょっとわからないので、どうしたらいいですか。教えてください」

岸からすぐに返事がくる。

「その後家の中に入り、タブレット、炊飯器、スマホを押収してください。その後そいつからGoogleアカウントのパスワードとメアドを聞いてください。もしそいつが断った場合は、捜査のために必要なので書いてもらっていいですか。と言って無理やり書かせて渋谷駅まで行ってください」

益々謎は深まる。強盗であれば貴金属や現金を持って来いと指示が出るはず、なのにタブレット？　炊飯器？　スマホ？　Ｇｏｏｇｌｅアカウントのパスワード、メアド？全く意味がわからない。炊飯器の中に金目のものが隠されている？　それとも薬物が隠されている？　なぜＧｏｏｇｌｅのアカウントが必要なのか。

さらにこれらを持ってきただけで一人当たり50万円の報酬が出る。頭の中が混乱する一同ではあったが、「わかりました、現地へ向かいます」と返事を入れた。

正直凄く怖かった。岸は4人で実行すると言っていた。岸はこちらの人数も含めて4人と言っていたので内3人は他の闇バイトに応募した人間が来る。何か武器を持っているかもしれない。また現場近くに見張りの人間などもいるかもしれない。何か怪しい動きをこちら側がすれば命の危険もあるかもしれない、それでも狙われている人がいる。助けたい。そしてこの犯罪を阻止しユーチューバーとして社会へこのような事件が日本で起きていることを伝えたい。強い思いと覚悟を持って車で現地へと向かった。

18時30分現地へ到着すると我々は目を疑うような光景を目にした。そこには既に10台程の警察車両と30名近くの私服、制服警察官がマンションの周辺を取り囲み厳重警戒にあたっていた。

我々はその場にいた刑事さんへ話をする。

「こんな状態では犯人たちは絶対にここへは来ないですし、犯人を捕まえることはできないですよね。いったいどういうことなんでしょうか」

問いかけても返事は全くない。ずっと黙ったまま。

「こんなことをやっても今日は犯行を防げたかもしれないですが、また持ち越すだけですよ」

そう伝えても誰一人警察官は話を聞こうとしない。いや、そのように上から指示をされているのかもしれない。犯人を捕まえる気はないのかと心から疑問に感じた。

犯行予定時刻の19時を過ぎた。現場に他のメンバーが現れる気配は全くない。警察官は警戒にはあたっているものの、目の前で通りすがりの人たちへ職務質問などは全く行っていない。なぜ捕まえることを優先していないのか、他のやり方がもっとあったのではないか。ここで強盗予備罪として逮捕し世の中へ発信をすれば、闇バイトへ加担する加害者への牽制にもなる。なのにどうして……。警察官への不信感が募って行く。

ここでようやく岸から連絡が入る。

「着きましたか？」

すかさず返信をする。

「警察がいたので逃げました」

すると岸から「職質されないようにしてください」「マンション前で待機お願いします」と連絡が入る。どうやら岸はマンション前に警察が警戒していることを知らないようだ。見張りの人間はここで皆無だと理解した。続けざまに岸からメッセージが入る。

「他の人間も向かってます。あまり怪しい動きだけはしないでください。職質だけは避けるように」

他のメンバーはスーツで来るという。我々はスーツ姿の怪しい人物を探しに駅のほうへ向かった。

15分、20分と探し回ったがそれらしき人間は見当たらない。岸へそのメンバーが全く来ないことを伝えると「本当に申し訳ないのですが、日付を変更してもよろしいですか？メンバーがバックレてしまいましたので」とメッセージが入った。警察を見て逃げ出したのだろうか。それともいたずらだったのだろうか。真相は闇の中ではあるが我々の行動によって被害者も加害者も出さなかったということに意義があったなとメンバー全員が感じた瞬間だった。

それから私たちは狙われた方の自宅へ戻った。今回の事件の経緯を伝えておきたかったからだ。すると警察官の方々が目の前に立ちはだかる。

「インターホン越しに話をするだけです。私たちが警察へ情報提供をしましたと。そしてあなたのタブレットやスマホ、炊飯器、Ｇｏｏｇｌｅのアカウントが狙われていたことを伝えようと思ってます」

そのように警察官へ伝えインターホンへ近づくも目の前を塞がれてしまう。

「なぜ道を塞ぐんですか?」

そう問いかけても言葉はうんともすんとも返って来ない。

「ただ伝えたるだけです。ダメなんですか?　ダメならダメって言ってもらったら諦めます」

そう伝えても返事はなく無言のまま。

私はこの状況に違和感を覚えた。そして狙われた方を助けたい一心から警察官へ感情的な言葉を発した。

「ここにいる人が狙われたわけですよ。嘘の役所の職員を名乗ってこの場所へ行けと指示をしてきて、中に入って指示したものを盗って来いと。危ないじゃないですか。それを伝えるってことがダメなんですか。なんでダメなんですか？　おかしくないですか？　普通に考えておかしいと思いませんか？　普通に考えて危ないと思いませんか？」

周りを取り囲む警察官にも伝わるよう目を向けるも警察官は目をそらし俯く。私は話を続けた。

「僕間違ってます？　伝えたいんですよ。助けたいんですよ」

感情が収まらない。どんどん口調が強くなっていく。

「闇バイトの連中がここを狙ってるんですよ。わかりますよね、みなさん。なんで、なんでなの。俺間違ったこと言ってる？　言ってるんだったら俺警察署にしょっ引いてもらっても構わないですよ。覚悟して来ているんで。俺は元受刑者だし捕まったっていいですよ。何したっていいですよ。なんで伝えさせてくれないんですか。危ないんですよ」

沈黙状態が続く警察官。

「黙り込んでるのがわけわからないです」

お願いしますと懇願したがずっと黙り込んだままで埒が開かず、結局狙われた方と話をすることはできなかった。

その後、闇バイト潜入の一部始終をＳＮＳへ投稿した。すると岸からこんなメッセージが届いた。

「お疲れ様です。次回の仕事は取り消しでいいですか」

急にどうした？

「別の日に仕事するんですよね？」

このように返事をすると、岸からすかさず返事が来る。

「いえ、仕事取り消しです。質問なんですが、リクルーターから連絡が来たんですが、これ君かな」

その文言とともに添付されてきた画像は、私のＳＮＳの投稿だった。

「質問ってなんですか？」

とぼけて返信をすると、岸からすぐに返事が届く。

「調子乗っててんじゃねえぞ、クソガキ。じゃあな」

このメッセージを最後に岸からの連絡はなくなった。

後々発覚したことだが、標的となった家は100万人以上の登録者がいる人気ユーチューバーの自宅だったことが判明。この方は過去に殺害予告や自宅住所をネットに晒されたりと沢山の嫌がらせを受けていたことも。Ｇｏｏｇｌｅアカウントのパスワード、メールアドレスはユーチューブにログインするためのもの。スマホやタブレットには過去の動画などのデータが入っている。色々と合点がいったがどうしても炊飯器がなぜ必要なのかは最後までわからなかった。

事件はネットニュースにもなり世間を驚かせた。

騙されて闇バイトをしてしまう事例

「業務委託・法律関係の書類宅配のお仕事」弁護士事務所や司法書士事務所が作成した法律関係の書類を配送して頂くお仕事です。法律関係の書類は緊急性が高く、配送先からは感謝されることも少なくありません。とてもやりがいのあるお仕事です。配送先は都内や関東近郊、関西方面など正確な時間に届けて頂きたいため電車移動で宅配先へお届けして頂きます。ちょっとした旅行気分で仕事ができちゃいます。もちろん宅配先までの往復の交通費は全額支給、また移動先での滞在費用などの経費は会社が全て負担いたします。学歴・経験・年齢不問。シフトも自由に選べます。ちょっと変わったお仕事で高収入。皆様のご応募お待ちしております。

一見すると一般の求人募集のように見えるが、実はこれ一般のアルバイト求人募集サイトに掲載されている闇バイトの求人募集なのだ。闇バイトは前述したSNSや各種掲示板の求人として募集がかかっていることが多く見られるのだが、実はこのようなごく一般のアルバイト求人サイトにも闇バイトが潜んでいることがある。

実際に普通のアルバイトだとなんの疑いもなく応募をし警察に逮捕された方の話によると、カフェのような場所で面接を受け「よかったらこれから仕事があるので一度試しにやってみませんか」と誘われる。報酬は書類の宅配一回につき2万円。○○駅まで電車で移動し、駅前にあるファーストフード店で連絡が来るまで待機をお願いしますと、指示をされるがままに動く。到着して待機をしていると、さらに連絡が入り「申し訳ないです。案件がキャンセルになりましたので、そのまま別の場所でもう一件案件があるので、そちらへ移動をお願いできますか」と新たに指示を受け電車で移動する。クライアントとの待ち合わせに指定された場所はやはり駅前。

「その場所に70代くらいのマダムが茶色の封筒を持っていらっしゃいます、弁護士事務所の方ですかと声をかけてくださいますので、そうしましたらはいとお答え頂いて、その封筒を受け取って頂き、こちらから指定する場所へ向かって頂ければと思います。封筒の中身は法的書類になりますので封筒の中身などは確認せず、またくれぐれも取扱いにはご注意をお願いします」

指示の電話を切って数分後、70代くらいのとてもマダムとは思えないごく普通の高齢女性が目の前に現れた。その女性はどこか不安そうな顔でこちらを見ている。手にはA4サイズのふくらみのある茶封筒を大切そうに抱えている。「弁護士事務所の方ですか?」と、少し震えるような声のトーンで話しかけてきた。「はい」と指示された通りに受け答えをするとその高齢女性は「これ〇〇です、どうかよろしくお願いします」

ん? 声は小さかったのだが今確かに「お金」と言ったような……。でも書類と聞いているし、恐らく聞き間違いだろう。そう思っていたがその高齢女性は話を続ける。

「お金これで大丈夫ですよね……、どうかお願いします」

2回目のお金ははっきりと聞こえたが、茶封筒を女性が差し出したので、そのまま受け取りかばんへしまいこもうとしたその時……4人の男が四方からとびかかってきた。

「今その茶封筒を受け取ってかばんに入れたね。全部見てたよ。詐欺未遂の現行犯で逮捕する」

全く意味がわからない。頭の中が真っ白に。

「どういうことですか。この茶封筒には法律関係の書類が入っていて、それを受け取りに来たのですが……」

話は警察署で聞くから、と取り合ってくれずそのまま警察署へ連行。人生が詰んだ瞬間だった。本当に詐欺だと知らなかった。犯罪行為に加担するなんて思わなかった。求人サイトからこのアルバイトを見つけて応募したことなどを全て警察官や検察官へも話したが、結局その方は執行猶予付きの有罪判決を言い渡されてしまった。本当に犯罪だと知らなかったと何度も何度も真実を伝えていたが、司法はそれを認めなかった。精神的に追い詰められ、家族にも迷惑をかけてしまった、でも本当に犯罪だと知らなかった。様々な葛藤で心の中はカオスになってしまった方が実際にいる。このような事例は少なくないのだ。

闇バイトは犯罪者の生贄

真っ当な仕事かのように丁寧な口調で甘い言葉を連呼する。リスクはなく高収入、リッチな生活を手に入れ人生を変えようなどと説明する闇バイトは、犯罪者の生贄だ。リスクしかなく人生は破綻。待っているのは刑務所暮らし。僅か数万円の報酬でこれまで築いてきた信用を全て失うのですか。

私は特殊詐欺主犯として逮捕され全てを失った。親、親戚、妻、子供、お金、社会的信用、未来、そして躁うつ病にも疾患。何度か自死を選択しようとも考えた。

幸い私は刑務所の中で倫理学と出会い、自身の精神を保つ方法を見つけることができたのでそのような選択をすることはなかったが、そこまで追い詰められてしまう。はっきり言って闇バイトをする前よりも人生が破綻する。

目の前の僅かなお金で人生を台無しにして欲しくない。今この本を手に取っている読者の中で闇バイトを考えているのであれば、絶対にすすめない。もし始めは闇バイトが成功し仮にあなたが思い描いていたような借金返済や、ブランド品の購入、高級な飲食店で豪遊などのお金の使い方ができる生活を手に入れたとしても、それは砂の城。幻想でしかなくその生活は長くは続かない。必ず逮捕されるから。日本の警察は優秀だ。

「私は絶対に逮捕されない」

詐欺を始めて約7，8年そう豪語していた私も結局は捕まってしまっているのだから。闇バイトはバイトではない。犯罪だということ、そして犯罪者への供え物。すなわち供えたあとにはあなたの人生が殺されてしまうということをしっかりと頭と心に焼き付けておいて欲しい。

5章　特殊詐欺

元特殊詐欺主犯が考える被害に遭わないための対策

特殊詐欺事件は年々増加傾向にある。詐欺被害に遭わないためにはどうしたらいいのかを元特殊詐欺主犯の観点から考えてわかりやすく皆様に伝えておきたい。

この内容は家族全員または地域の皆様、たくさんの人たちと是非とも共有し高齢者の方へ伝えてもらいたいと思う。

高齢者が騙されやすい詐欺の種類

★事件巻き込まれ型詐欺

実在する公的機関や警察署、検察庁の名称を騙り、あなたの携帯電話や銀行口座を使用した詐欺事件が起きた、あなたは重要参考人になっている。マネーロンダリングの件もあるのであなたの口座のお金を一度確認させてもらいたい。などと伝えられ、全財産をインターネットバンキングを利用して振り込ませる手口の詐欺。

この手口のポイントはインターネットバンキングができる銀行口座を新規開設させ、その口座に既存の金融機関の口座から全額新規開設した口座へ振替させるところ。自分の名義の口座から自分名義の口座への振込であれば、金融機関の窓口職員にも詐欺と怪しまれることもない。ネットバンキング対応の口座へ振り替えたのち、詐欺師はログインＩＤ、パスワードを聞き出し、詐欺師側が用意した他人名義の銀行口座へ振込を行う。

★老人ホーム入居権名義貸しトラブル詐欺

大手の会社を名乗り突然自宅の電話にかかってくる。老人ホームの入居権をあなたは持っている。もし入居する気がないのであれば、名義を貸して欲しい。その後老人ホームの担当者や弁護士などから名義貸しは犯罪、逮捕される。解決するにはお金が必要などと言われ金銭を騙し取る。直ぐに警察へ通報することが望ましい。

★融資保証金詐欺

電話やファックス、ダイレクトメールのハガキなどで低金利、無担保、保証人なしで融資の案内が来るも、実際に審査を申し込むと担保、保証人の代わりとして金銭が必要。融資の事前に預けてもらえれば即融資実行という話だが、実際は全く融資されず次から次へ金銭を要求される。電話やファックス、ダイレクトメールでの融資の案内で融資を受けることはおすすめしない。

★オレオレ詐欺

言わずと知れた子供や孫を装いオレオレ、オレだけどと言って電話番号が変わった、登録をしなおして欲しい。その後実は会社のお金を失くした、女性を妊娠させた、事故を起こしたなど緊急性の高い説明をし、今すぐに金銭が必要、お金がなければ逮捕される、人生が終わるなどと言って高齢者を焦らせお金を騙し取る詐欺。

銀行にお金を振り込んで欲しい、代理の人がお金を取りに行く、コンビニで電子マネーを買って番号を教えて欲しい、お金を宅配便でこの住所に送って欲しい。

これらは全て詐欺だと思って欲しい。最近では女性から電話がかかってくるワタシワタシ詐欺やボクボク詐欺もある。安易に自分の子供や孫の名前を相手に伝えてはいけない。また電話を切ったらもともと知っている子供や孫、家族の電話番号に直接連絡を入れて確認をすることが大切。

★フィッシング詐欺

偽物の金融機関やクレジット会社を装って「ログインの異常によって振込みやATMの利用が一時停止されました」や、「犯罪収益移転防止法に基づき、お取引を行う目的等を確認させて頂いております。このご案内は弊社利用規約第3条2項7に基づくご依頼となります。お客様の直近のお取引に関しましていくつかのご質問事項がございますので、下記のリンクからご回答ください」などとスマホやパソコンにメールが届き、そのメールを開くと本物そっくりのサイトが現れる。そのサイトへ個人情報や銀行の口座番号、暗証番号、ログインIDやパスワード、クレジットカードの番号などを入力させ盗み出す。このようなメールが届いたら実際に通帳などに記載の電話番号へ連絡し確認することが大切。

★偽装サポート詐欺

普段使用しているパソコンの画面に突然「このPCはウィルスに感染しています。ウインドウを閉じると個人情報が危険にさらされます。この重要な警告を無視しないでください。スパイウェアアラート・エラーコード＊2318ck、深刻な被害が出ています。

直ちにサポートセンターへお電話をお願いいたします」という画面が表示され、連絡をさせる。電話に出た男の指示通りに遠隔での修理費用としてコンビニで電子マネーを購入させそのコードを伝えさせるという詐欺。

サポート詐欺はウィルスに感染したというのは嘘の場合がほとんどなので、まず画面を閉じてしまうことが一番の解決方法。画面の閉じ方についてはパソコンの「Ｃｔｒｌ」「Ａｌｔ」「Ｄｅｌ」の3つのボタンを同時に押してタスクマネージャーを開きタスクを終了を押す。これだけで偽物の警告画面を閉じることができる。

★架空の料金請求詐欺

買ってもいない商品が自宅に届いたり、利用した覚えのないサービスの料金を請求し払わせる詐欺。代表的な詐欺として、海産物の送り付けやアダルトサイトの利用料金、過去に申し込んだ通信教育の利用料金未払いなどがある。

架空請求詐欺の典型的例を挙げておくと、サイトや会社名が曖昧なことが多く、購入やサービスを利用した日付がない。また料金の内訳がどう考えてもめちゃくちゃでありえない、料金を支払わなかった場合は身辺調査、裁判、債権回収会社へまわし自宅へ押しかけるなどと脅し文句を使用してくる。料金の支払方法は個人口座への銀行振込やコンビニで電子マネーを購入、宅急便で現金を送って欲しい、自宅へ直接取りに伺うなど、特殊詐欺の金銭の授受方法とほとんど同じだと考えてよい。

★還付金詐欺

公的機関の職員を装い「税金や年金、医療費などの還付金があります。あなたはお金をもらうことができるのです。直ぐに手続きしてもらえますか」などと自宅の電話やはがきなどで案内をし、そのまま金融機関のATMへ誘導させ、公的機関を装った人物の指示通りにATMの前に行くと、「お金をもらうためには手数料の振込が必要となりますので、ATMでお振込み頂けますか。その後すぐに還付金をお渡しします」と伝えられそのまま言われた通りに振り込んでしまう詐欺。

他のパターンとして「ATMの操作を間違えてしまうとロックがかかり、お金を受け取れなくなります。また金融機関から警察に連絡がいき面倒なことになることもあります。こちらから手順を一つ一つゆっくりお伝えしていきますので、安心してお手続きをお願いします。私の指示通りにATMの操作をすれば問題なくお金を受け取ることができます」

などと言われ、そのまま指示通り操作をしていると知らない人の銀行口座になぜか自分のお金を振り込んでしまっている。

役所などをはじめとした公的機関が金融機関のＡＴＭへ誘導して操作を教えることは絶対にない。これだけ覚えておけば詐欺に遭わなくて済む。

★キャッシュカードすり替え詐欺

銀行協会や警察官、公的機関の職員などを装い、「お客様のキャッシュカードが不正利用されております。振り込め詐欺の口座として使用されている可能性があり、口座利用一時停止の手続きをする必要がある」というような内容の電話がかかってくる。

「お客様のキャッシュカード全てが対象となりますので、合計のキャッシュカードの枚数をお知らせください。またその際に暗証番号を記載したメモもご用意をお願いします。手続きに必要になります。今この場では暗証番号や口座番号を伺うことはありません。個人情報ですからむやみに教えることはしないでください。それからお客様のご自宅へ職員を二人ないし一人向かわせます。ご自宅にて手続きをしますのでお待ちください」と伝えられ、自宅にスーツを着た職員を名乗る人物がやってくる。

「このカードは現在使用できません。使用開始までの間こちらの裁判所指定封筒で保管する必要があるので、ここで手続きをします」と伝えられ、職員が用意した封筒にキャッシュカードと暗証番号を被害者自らがその場で入れ、さらに封を閉じる。

ここで思い出したように職員が「この封をしたところに割り印が必要になります。シャチハタの印鑑ではなく実印が必要になりますので、お手数ですが捺印をお願いできますか？」と言われる。

当然実印などは玄関先にはないので、奥の部屋へ被害者が戻る。そのすきに職員を名乗る人間はキャッシュカードの入った封筒と、事前にトランプの入った封筒をすり替えてしまう。被害者が戻ってくると職員を名乗る人間は「それではここに割り印をお願いします」と伝えすり替えたトランプの入った封筒に割り印をさせる。

「あなたがこの封筒にカードを入れましたね、封を閉じましたね、割り印を押しましたね、あなた自身で全て手続きを完結することができました。それではこの封筒はこちらから連絡があるまで封を開けずに大切に保管をお願いします。連絡がありましたら封を開けて結構です。手続きが終了し通常利用できるようになりますので。それでは次のご自宅での手続きがありますので、私はこれで」と言いその場を去っていく。

職員を装った人物の手元には被害者のキャッシュカードと暗証番号が入ったメモ。その封筒を現金のおろし役に渡し、その日のうちに預貯金を全額引き出されてしまう。

公的機関の人間が手続きのために個人宅へ訪問することはほとんどないのでそういったことを言われたら詐欺を疑って欲しい。

★未公開株式投資詐欺

証券会社を装い投資家名簿などで電話をかけ、○○という会社のパンフレットを探している。そのパンフレットを持っている方のみが○○という会社の新規公開株を購入することができる。もしパンフレットをお持ちで未公開株式を購入し、転売して頂ければここだけの話、1株20万円で販売されているものを40万円で買い取らせてもらう。なぜなら新規上場をした際にこの株式の価格が80万円の値がつくことがわかっているから。などと様々な会社から被害者に情報を与え続け、被害者が気になりはじめた頃に○○という会社からタイミングよくパンフレットが届き、販売されている未公開株式を購入させる方法。

当然転売してもらいたいとあれだけ電話で伝えていた会社は、未公開株式を販売している会社とグルで買取などは行われない。また新規上場などもせず、未公開株式はただの紙屑となってしまう。

★暗号資産投資詐欺

SNSや口コミ、郵送物や街頭での勧誘などを通して人を集めセミナーを開催したり、マッチングアプリで知り合った人、知人を通じて知り合った人などに高い利回りや、莫大な利益を約束すると持ち掛け自ら設立した架空の投資会社や、暗号資産取引所へ暗号資産への投資機会を提供する。

専門的な知識があるかのように聞きなれないような言葉を使い被害者を信じさせ、その被害者からさらに新たな被害者を紹介させ報酬を支払うという制度を取っている場合もある。実際には暗号資産は存在せず、詐欺師は被害者から金銭を騙し取ることだけを目的としている。

これらの投資詐欺被害に遭わないためには、高い利回りや莫大な利益を約束するような話は基本的に相手にしない。またはしっかり自分でGoogleなどインターネット検索を何度も何度もかけて実際にその投資会社や暗号通貨の取引所が実在するのか、金融庁の登録やライセンスを持っている企業なのか、その会社の口コミなどしっかりと自身で裏を取り、投資をせかされても時間をかけて冷静な判断を行うことが大切。裏が取れない場合は詐欺を疑うくらいの気持ちでいたほうが騙されない。それくらい警戒してよい。投資には必ずリスクがあり、ハイリターンの金融商品はハイリスクのものが多いことを知っておく必要がある。

以上、様々な手口を紹介したが、実際にこのような手口で騙される人が多いのだ。

なぜ高齢者は詐欺被害に遭ってしまうのか

根本的なところからまずは綴っておこうと思う。これは私の経験則で話をしていきたいと思う。

★高齢者は孤独を感じている、寂しく話し相手がいない。コミュニケーション不足

私はたくさんの高齢者と電話をしてきたが、共通して言えることは高齢者は寂しがりやが多いということ。そして若い人とのコミュニケーションに飢えている。一人暮らしの高齢者は普段話をする相手はほとんどいない。遠く暮らす家族と電話する機会もあまりなく

孤独感を感じている。そんな時にかかってくる一本の電話。私は最初に高齢者へ電話する時、明るくなるような楽しい話をしていた。

相手が女性なら、綺麗なお声ですね、なんだか吉永小百合さんみたいな人を想像してしまいましたよ、などと伝えると「いやだ〜」と言いながら喜んで会話を続けていく。男性の場合はこれまでの日本を支えてきた貫禄がお声からにじみ出てますとか、絶対に女性にモテていそうな感じですよね。なんて伝えると「まぁ昔はな……」といい気分になり昔話を始める。こうなったらしめたもの。私との会話は楽しい、信頼できる。段々そのような構図になっていく。とにかく相手を喜ばせ楽しませ信頼関係を作る。そうすれば後々お金を奪いやすくなるから詐欺師側も騙しやすくなるのだ。

★相手の言うことや見たまま聞いたままを信じてしまう

少しだけ信頼関係ができると相手の言うことを素直に信用してしまう。一緒に過ごしたり話していて楽しい相手に対して、まさかこの人が騙すなんてことは微塵にも思わない。相手を疑おうともしなくなる。なぜそのようなことが起きてしまうのか、私が実際に行っていたのは、嘘の事実を相手に話し共感してもらうからだ。例えば私の身の上話をする。

私は施設で育ったが、ある時里親として高齢夫婦の家に引き取られた。そして沢山の愛情を注がれて高校まで行かせてもらったが、高校卒業してすぐに義理の父が病死、その後大学2年の時に義理の母も後を追うように病死してしまった。私には家族がいない。親孝行もできなかった。だからこの福祉の業界に入って自分の義理の父母のような高齢者の方々に恩返しをする気持ちで仕事をしたいと思った。こんな嘘の話をすると、全ての話を信じて共感し同情してくれる。そこにつけこんで高齢者を騙していた。

★知識不足・得た情報を裏取りしない

高齢者の方々は世の中のルールや法律を知らないということを恥と捉える人が多かった。よって知ったかぶりをする傾向がある。私が実際に犯行に及んでいた老人ホームの名義貸しトラブル解決名目による詐欺事件を例に挙げると、高齢者を騙すために次のような説明をする。

「弊社老人ホームの入居権を第三者に不正に購入させるため、あなたはあたかも自身が購入するかのように装い実際に契約を取り交わし、名義貸しを行いましたね。これは刑法246条1項の詐欺罪にあたります。当然警察への被害届を出すとともに、民事訴訟を起こし損害賠償請求もさせて頂きます」

この文言を伝えると高齢者の方々はたちまちパニックを起こしてしまう。なぜならこのような法律があることを知らないからだ。

更に高齢者は得た情報を裏取りしない人が多い。言われたままに素直に信用してしまい、相手を疑うことやその情報を自分で確かめることをしない。インターネットで検索すれば簡単に詐欺だとわかることなのだが、それができない。

詐欺師はそこを狙っている。

私自身もそうだった。

★緊急事事態に対する判断力が鈍い

高齢者は急ぎの判断を強いられると判断力が鈍り、詐欺や詐欺的な提案を受け入れてしまいがちになる。例えば私が犯行に使用していた言葉。

「直ぐに手続きを行わなければあなたは警察に捕まります。法廷で裁判にかけられます。24時間以内に解決しなければ財産が差し押さえられあなたの金融機関の口座は凍結されます」などと煽る、今すぐに解決するためにお金が必要だということを伝え、警察官や弁護士、金融庁や厚生労働省などを名乗り電話を掛け、高齢者を混乱させ、資産がなくなってしまうこと、刑務所へ行くという恐怖を与えながら判断力を鈍らせ、詐欺師の思うままに動かしていく。

また初めて話す高齢者へ「以前お話させて頂いたと思うのですが、覚えていらっしゃいますよね」と決めつけて話をする。すると認知機能の低下した高齢者の方は「そうでしたね」となんとなく話した気持ちになり、どんどん話が進んでしまいいつの間にか高齢者は詐欺師の口車に乗せられ騙されてしまう。私はこうやって沢山の高齢者を騙してきた。

詐欺師の人を騙す技術を詳しく文章化してみた

私も実際にそうだったのだが、私が見てきた詐欺師たちは人を騙すための様々な技術を持ち、悪用し被害者を騙している。私自身その技術に関してはこれまでマニュアル化したことはなかったが、防犯対策の一環としてその技術を文章化してみることにした。決して悪用を勧めているわけではない。その技術を知ることで詐欺師からの被害を防ぐことができるからだ。

敢えて結論から言うと

「被害者に対して感情のジェットコースターを感じさせる」

被害者とコミュニケーションを取っている間に喜怒哀楽の場面をうまく作り出し判断能力を鈍らせる。これに尽きるのだ。一つ一つ詳しく詳しく解説をしていく。

★優しい、魅力的な人間を演出する

人間は第一印象が一番大切。最初は優しく、元気で礼儀正しくそして面白い人物を演出し相手を楽しませるような話を展開していく。そこで仲良くなりこの人はとてもいい人だという印象を与える。被害者となる人間は何の先入観もなく警戒心を緩めて身の上話なども詐欺師にしていく。

★被害者の個人情報の収集

詐欺師は被害者と仲良くなると個人情報をうまく聞き出す。自然な会話の流れで生年月日、家族構成や、過去の仕事、いつ退職したのか、退職金で悠々自適の生活しているのか、自宅は持ち家なのか、ローンが残っているのか。老後の資金は大丈夫なのか、年金はいくらもらっているのか、取引金融機関、預貯金などをいとも簡単に聞き出すことができる。それらは全てメモしてあり、そのメモを基に被害者からいくらお金を取れるかを計算し詐欺を仕掛けていく。

★危険が迫っていることを演出する

あなたを助けたい、これだけ仲良くなったあなたが危険にさらされている、私は見ていられない、あなたの将来がなくなる、財産がなくなる、身内に危害が加わるなどと被害者に対して緊急的な危険が迫っていることを告げ、その危険を回避するために行動しなくてはならないと思わせる。恐怖を与えることが大切なのだ。いつまでにこれをしなければならない。このように期限を切って相手に知らせることによって、行動することを心理的に早めさせることができる。

★被害者を怒らせ言いたいことを言わせる

人間は腹を割って言いたいことを言うとすっきりして、相手への怒りの気持ちが落ち着く。その場面を意図的に演出する。ただしこの技術は詐欺師側が言いたいことを言って、被害者も言いたいことを言ってお互いが収集つかない状態になってしまったら失敗に終わる。あくまで被害者を怒らせ、被害者に言いたいことを言わせることがポイント。そして時間を見計らって被害者に強く共感し、話を傾聴しその後解決へ向けての提案をする。するとどうだろう。相手は詐欺師の提案を受け入れ信用し詐欺師に言われた通りに動く。私はこの手法をよく使っていた。

★被害者が信用するような証拠作り

大物の国会議員や大手上場企業の社長の顧問弁護士を電話越しに演じ、さも毎日のように会食をしているかのように見せ、その場での話の内容をリアルに被害者に伝え信用させたり、偽物の契約書や領収証、資格や証明書などを作成し、社判などもしっかり捺印された書類を送り付け信憑性を高める。私は契約書や預かり証などをネットのひな形を使用してものの数十分で作成し被害者へ送り信用させていた。

★被害者を加害者に仕立てる

実際は被害者なのにも関わらず、いつのまにか加害者扱いされてしまい、あなたが加害者ではないことを証明したいのであれば証拠も必要、法廷で戦ってもよい。どうせあなたは負ける。負けてしまったら損害賠償も莫大な金額になる。刑事責任も問われる。そうなってしまっていいわけがないですよね。それならばここで示談で解決しませんかなどと持ち掛け、加害者として認識させ責任を感じさせて金銭を奪い取る。よく私も使っていた特殊詐欺で使用される手法だ。

このように様々な手法を使って被害者の感情を煽り、混乱させたのちに被害者を従順な言いなりにさせていった。あくまでここに記載したものは一部だが、このように計算しながら人を騙す詐欺師もいれば、自然に身について勝手にこのような場面を作り出す詐欺師もいる。

この手法をしっかり頭に入れて自分が騙されていないか、騙されそうになっていないかをしっかり判断して欲しいと思う。

高齢者の詐欺被害を防ぐには

★自宅の固定電話は必ず留守番電話にする。または固定電話を外し携帯電話に老人ホーム入居権名義貸しトラブル解決詐欺、嘘の銀行協会や警察官によるキャッシュカードとトランプのすり替えなどの特殊詐欺事件のほとんどは2004年頃から出回っている固定電話の記載された名簿を基にかかってくるケースが多い。高額商品購入者や訪問販売購入者、リフォーム申し込み者、貴金属購入者、サプリメント購入者名簿が標的となっている。読者の皆様の実家や祖父母の自宅の固定電話の番号は子供の頃から変わることなく今でも繋がることに気が付いているだろうか。ということは、何十年も変わらない電話番号がそのまま放置され詐欺師たちに出回り続けているということ。

まずはここを絶たなくてはならない。自宅の固定電話は思い切って外し、携帯電話へ切り替えるのが一番早い特殊詐欺を防ぐ対策と考える。しかしながら、高齢者は変化を嫌う。中には携帯電話などは使い方がわからないから持ちたくないと言う方もいらっしゃるだろう。固定電話を外すのが難しいということであれば、常に留守番電話にしておくことが対策となる。

留守番電話にして「お名前とご用件、折り返しの電話番号を入れてください。こちらからかけなおします」これだけで詐欺は防げるのだ。

詐欺師は録音を嫌う。留守番電話には絶対にメッセージを残そうとはしない。これは私が実際にそうだったし、私の周りもメッセージを残す詐欺師は誰一人いなかったからだ。極まれにメッセージを残す詐欺師もいるかもしれないが、電話番号や会社名などが残っていた場合はメモをして誰かにそのメモを渡してＧｏｏｇｌｅ検索などで調べてもらうといい。警察官でもいいし、地域包括支援センターの職員さんやデイサービスのヘルパーさん、近所の方でもいい。とにかく誰かに話をしてみること。そうすれば絶対に騙されることはないと考える。

・固定電話を外す
・携帯電話にする
・留守番電話にして名前と用件と電話番号を入れてもらい折り返す
・知らない会社名や団体、番号ならメモして誰かに見せる。調べてもらう

★万が一、怪しい電話を取ってしまった場合の対処方法

電話で知らない会社、役所、銀行、警察、弁護士や息子、娘など身内をを名乗る人から「内緒」・「お金」・「逮捕」この３つのキーワードが出てきたら詐欺。すぐに１１０番通報してください。

どんな詐欺でも必ず詐欺師たちはこの言葉を使ってきます。なぜこのワードを使うのか。一つ一つ解説していきます。

「内緒」

詐欺師は人に相談されることを嫌がります。高齢者はインターネット検索などしない方が多いので、詐欺師の話を調べるという術がないことをいいことにまるで本当に事件が起こったかのように話をどんどん展開していくので、相談されてしまうと一気に全ての嘘が捲れてしまう。他の人の空気が入らないように絶対に他人にこのことを言ってはならないと釘を刺してきますが、その時点で詐欺だと思ってください。

「お金」

内緒に話を進めていくと必ず解決するには「お金」が必要だと言ってきます。詐欺師はあなたのお金を騙し取るために長時間電話で話をしてきます。そして早くお金を用意して欲しい、用意したお金は知らない人や聞いたことのない会社の銀行口座に振り込んで欲しい、人が家にお金を取りに行く、宅急便でお金を送って欲しいなどと言ってきます。私も実際に詐欺をしていた時、お金の話に関してはじっくりと話をしていました。銀行でのお金のおろし方の指南、振込方法や、宅急便で送る際のお金の詰め方などに時間をかけて説明をしていました。電話でお金が必要だと言われたら詐欺だと思ってください。電話を切ってください。警察へ通報、家族や知人、友人へ話をしてください。絶対に一人で悩まないでください。解決しようとしないでください。焦らないでください。

「逮捕」

あなたは警察に逮捕されます。もしくは息子や娘を名乗る人物がこのままだと警察に逮捕されてしまうなどと電話で伝えてきたらそれは間違いなく詐欺です。逮捕という言葉は平和に暮らしている人たちにとって恐怖を感じる言葉なのを詐欺師たちは知っていてそれを悪用しています。

私も詐欺を行っていた時は必ず「あなたは逮捕される。残りの余生を刑務所で暮らすことになりますよ。刑務所というのは本当に劣悪な環境みたいですね。冬は寒すぎてしもやけになり、ご飯はまずい。お風呂もろくに入れず高齢者はいじめの対象にもなるみたいですよ。人を殺した人間の横で寝たりする。そんなところに入って人生を終えるのは嫌ですよね」こんな内容を伝え相手に想像させ、恐怖を与えていました。

この3つのワードは詐欺師が使う常套句です。私も実際に使っていた言葉です。

内緒・お金・逮捕。この3つのワードが出たら詐欺です。すぐに警察へ通報または誰かに話をしてください。

★高齢者へ詐欺の手口などの教育

デイサービスや地域包括支援センター、地域の公民館や警察署、役所が積極的に高齢者へ犯罪に巻き込まれないための教育を徹底する。具体的には高齢者を月に一度または二週間に一度集めて、実際にどんな手口で電話がかかってくるのか。また電話以外にどのような詐欺があるのかを目の前で実演、不審な電話を受けてしまった際は、名前や住所、連絡先や家族構成などを絶対に相手に伝えないように徹底的に教え込むことが重要。そのような電話がかかってきたら、直ぐに警察へ通報。また自宅の電話の前に「内緒」「お金」「逮捕」は詐欺というようなポスターを貼っておくように促し、詐欺被害に遭わないよう呼びかけることが大切です。この取り組みは地域の中学校や高校などが高齢者を体育館などに招いて生徒が自ら呼びかけるという授業を行ってもよいのではないかと考えます。若者とのコミュニケーションも取れて素晴らしい取り組みとなるでしょう。

また、最近増えているキャッシュカードのすり替え詐欺。この詐欺の対処法はキャッシュカードを取りに来た人間に対して必ず「顔写真付きの身分証明書（運転免許証など）」の提示を求めることが大切です。これは現金を受け取りに来た受け子や警察官、役所、金融機関、公的機関を名乗る不審な訪問者全てに通用します。詐欺師は基本的に身分証明書の提示を嫌がります。または持っていないことが多いです。まともな会社の人間や公的機関の人間であれば必ず身分証明書は提示します。必ず確認してください。不安を感じたり少しでも不審な点があれば迷わず直ぐに警察へ通報してください。間違っていても問題ありません。警察への電話をためらわないで欲しい。

★警察署・役所・金融機関・公的機関・子供や親戚などの連絡先を電話の前に貼る

詐欺師は金融機関、警察や金融庁、役所、厚生労働省や銀行協会、消費者センター、子供や親戚などを装い電話をかけてきます。このような連絡先を電話の前に貼っておくことで万が一そのようなところを名乗る電話が来た際に自身で確認ができるようにしておくことも大切です。地域で関係各所の連絡先が記載されたポスターを作り高齢者の自宅へ配布することで詐欺被害を防ぐことができる。

★家族や親戚とのコミュニケーションの向上

一昔前と違い、現在はＬＩＮＥで気軽に連絡が取れる時代。ビデオ通話もできるし、ユーチューブでライブ配信だってできる。そのようなＳＮＳツールの楽しさを高齢者へ伝え、気軽に家族や親戚と連絡を取れる仕組みをしっかりと作ることが大切。コミュニケーションさえしっかりしていれば、どれだけ遠く離れていても近くに感じられるし、高齢者も寂しさも感じない、また怪しい内容の勧誘がきたとしても気軽に相談、確認ができる。これこそがまさに詐欺師が一番嫌がる手段。詐欺に対する秘策である。

★詐欺師がお金を奪うパターンを知っておく

・全く知らない人や会社の口座へ振込をしてくださいと伝えられる
・ネットバンキング対応の銀行口座を新規で作りお金を振替て欲しいと言われる
・新規開設したネットバンキングの口座からお金を振込して欲しいと言われる
・宅急便やレターパック、ゆうパック、クール宅急便で全く知らない住所へ現金を送る
・コンビニで電子マネーを購入しそのコードを教えて欲しいと言われる

・現金やキャッシュカードを直接知らない人物が自宅へ取りに行くと言われる
・金融機関のログインパスワードやＩＤを教えて欲しいと言われる
・待ち合わせ場所を指定して知らない人物に現金を渡す
・コインロッカーへ現金を置かせる
・消費者金融を回らせお金を借りてこいと言われる
・仮想通貨で送金をしてくださいと言われる

このような送金方法を提示されたら迷わず警察へ通報する。
高齢者を狙う詐欺はあらゆる手口でせまります。
迷わずに警察に連絡することが第一です。

総括　あとがきにかえて

総括

あとがきにかえて

刑務所を出所して思うこと

私がエックス（旧ツイッター）で呟き始めたのは2021年の5月頃だった。

きっかけは刑務所での期間、学んだことや記録したノートを基に出所したらSNSで刑務所の中で自らの犯した罪と向き合い考えたこと。自身の加害経験、詐欺の手口、詐欺師の考え方を発信し、犯罪被害に遭わないようにすること。犯罪に手を出そうとしている人たちが罪を犯すとこのような絶望的な未来が待っていることを呼びかける。全ては防犯のために身を尽くしたいと考えたからだった。

これは自身の中で贖罪という意味ではない。心の底から犯罪の被害者も加害者も出したくないと刑務所で刑に服している間に思ったからだった。

では具体的に何を伝えたかったのか。

あえて結論から綴るのであれば

「犯罪は被害者も加害者もその家族も全て破滅しか生まない」

ここに気が付いていない方々が多すぎるのだ。

当たり前のこと言ってるんじゃないよ、そう思う方も読者さんの中には沢山いらっしゃると思いますが、実はこの部分を全く想像できていない方が罪を犯す。この世の中は自分さえよければいいという考え方の人たちが少なからずいる。そういう利己的な人間が罪を犯す傾向にあると、留置所や拘置所、刑務所で過ごして色々な人たち観察してそのように考えた。なぜなら私自身が詐欺師時代、自分のことしか考えていなかったからだ。他人を思う気持ちや想像力があれば、他人がダメになったり損をしたり、悲しんだりするのをわかっていて金品を奪ったり、嫌がることをすることに抵抗があるはず。

その抵抗がないということが犯罪への第一歩となってしまう。SNSでの誹謗中傷も同じ。利己的な人間が相手の気持ちなども考えず自分の思うままに好き放題嫌がることを書き、相手を精神的に追い詰める。そしてあざ笑い自身の気持ちを満足させる。

やっていることは詐欺などの凶悪な犯罪者と同じだ。しかしそれに気が付いていないし、気が付こうともしない。そんな人間がたくさんいるから犯罪が減少しない。だから私はそのような人たちに一人でも気が付いてもらいたい。利他的に人を思いやる気持ちをもって生きればみんながハッピーになれる。人の嫌がることをするのではなく人が喜ぶことを人のために自分のためにすることが大切だということを一番に伝えたい。

そして、自身が行ってきた詐欺の手口を紹介し、この話は詐欺だという内容を高齢者をはじめとしてその家族や見守りをする方々、金融機関の方々皆様に知識をつけてもらいたい、疑う気持ちを持ってもらいたい、見聞きした情報は自分で必ず調べて裏を取ってもらいたい。


詐欺師の考え方を知って欲しい。だからこそ元特殊詐欺主犯格として逮捕、服役を終え出す必要のない自身の顔を敢えてメディアやSNSでさらけ出し、皆さんに本気で特殊詐欺撲滅、闇バイト撲滅、犯罪撲滅に取り組んでいることを知ってもらいたい。

その気持ちを本書に託しました。

メディアやSNSで特殊詐欺の主犯格が顔を出して発信することは異例です。

私はそれを敢えて選択しました。理由は一つです。私がモザイクをかけてメディアに出演し過去の詐欺の手口や詐欺の解説などを行ったところで、皆様には何にも印象には残らないと考えたからです。モザイクのかかった人がなんか言ってたな程度にしか感じない。

しかし、顔を出した元特殊詐欺主犯格が語る詐欺の手口だったら、皆様には必ず興味を持ってもらえる。どんな人間が主犯格なのか見てみたい。何を語るのか聞いてみたい。必ず興味を持つと考えたからです。

興味を持ってもらえれば話を聞く体制になる、そこで私の顔や話の内容を見たり聞いたりして、様々な感情を抱く。嫌悪感を抱く人もいれば、怒りを覚える方もいる、興味津々に話を聞く方もいる。私の話がどんどん頭に残っていく。

人間は感情を抱くと記憶に残る生き物。その後忘れたとしても、万が一騙されそうになった場面でなんとなく第六感的な形で「これは詐欺だな」と気づくものだと考えています。もちろんその時は私のことなど覚えていないはずですが、どこか嫌な予感がしたらそれでいいんです。それが抑止に繋がると信じています。モザイクをして話をするより、顔を出して話すほうが犯罪を未然に防げると考えたからです。

それから私が格闘技、色々な方のＳＮＳやユーチューブ番組に出演させて頂いたり、政治活動ををしていくのには理由があります。それは私が行っている犯罪撲滅活動を広く知って頂きたいからです。

皆様、ＳＮＳで警察が犯罪撲滅について発信を行っているのはご存じでしょうか。またそれを見たことがありますか。見ようとしたことがあるでしょうか。恐らく知らない方がほとんどだと思います。

なぜそう言い切れるのか、答えは警察アカウントのインプレッション数にあります。例えばとある県警の詐欺対策本部のアカウントですが、重要な情報を流しているのにもかかわらずインプレッション数が282と大変少ない。

これでは情報を必要としている人たちにも伝わることはなく、人に興味すら持ってもらえない。発信をしたところで届いてなければ意味がないんです。私は、あいつは何をやっているんだと後ろ指を差されてもよいと考えています。私の根幹は犯罪撲滅。犯罪被害者加害者を生まないために発信しているということを広く知ってもらえるならなんだってやろうと考えています。もちろん犯罪以外、日本の法律に抵触するようなことはしませんが。

そして皆様が普段から犯罪は破滅しか生まないということを目にする機会を作りたいと考えています。普段から目にするものは自然と潜在意識に残るからです。潜在意識に残れば、犯罪を企てることをためらったり、罪を犯す前にとどまったり、被害に遭いそうになった時に思い出したりと犯罪を抑止することができると考えています。

テレビに出たいわけでもないです。有名になりたいわけでもないです。また私自身何者でもない、ただの前科者だということは熟知しておりますし、天狗になるようなこともありません。

心から犯罪は破滅しか生まないということを伝えたいんです。親からも縁を切られました。それでも人生を懸けてやり遂げたい。10代の子供たちから高齢者まで私のことを広く知って頂き、絶対に犯罪に関わることのない、被害に遭うことのないような人生を送ることを伝えたい。

私はこの活動を宿命だと考えています。これからもずっとこの世に犯罪がある限り続けていきます。そして一人でも多くの方を犯罪から救いたいと考えております。


私はエックス（ツイッター）やユーチューブの沢山のフォロワー様に支えられ社会復帰をすることができました。こちらをお借りして改めてお礼を申し上げます。本当にありがとうございます。心から感謝しております。私は応援してくださる皆様を裏切るような行為はしません。正直に誠実にこれからも生きてまいります。このような前科者ですがこれからもよろしくお願いいたします。

またこの本を初めて手に取ってお読みいただいた読者の皆様、本当にありがとうございます。

まだまだ精進の身であります。これからも人が喜ぶことを人のために行い頑張ってまいります。

どうぞよろしくお願いいいたします。

本書を出版させて頂くにあたりまして、かざひの文庫様、特別寄稿をお寄せ頂いた、社会学者・作家・久留米大学文学部非常勤講師・龍谷大学犯罪学研究センター嘱託研究員の廣末登様、推薦の言葉を頂いた元都議会議員・土屋敬之様、帯に推薦文を頂きました作家の草下シンヤ様、表紙イラストを描いて頂いたＪＥＴ ＳＩＮ様、企画編集を担当して下さいました永井由紀子様には心から感謝を申し上げます。本当にありがとうございました。

この世の中から犯罪がなくなることを切に願います。

2023年12月吉日　フナイム

私が刑務所で考えていた人生の目標

- どんなことがあっても諦めないへこまない、次に進む
- 好き、嫌いと必要、不必要の区別をはっきりつける
- 人の良い所を見つけその人を好きになる。どんな人にも必ず良い面がある
- 正しいことを正しくする
- 常に感謝の気持ち一言目にありがとう
- 腹を立てて動くな、一度受け入れてそれから整理する、平常心で
- 人の気持ちを考える、人優先、自分がされたいことを人にする
- 悪口を言わない、口は災いの元
- 当たり前をぶっ壊せ
- 何事も積極的に追及する、見た目と中身のギャップを作る
- 自分を愛し他人を愛し全て許す
- まずは真似をしてみる、とにかく真似る。最初はできないのは当たり前
- 自分と他人を比べない、今を楽しむ、生活は知足安分、仕事は貪欲に

- お金を支配し俺はお金に左右されない、物、金欲ではなく精神の独立を目指せ
- 人が楽しい、幸せと思う生活の提案をする
- 周りをよく観察する、知る、1点だけ見ない、失敗の原因は見つからない
- 人間は自分が考えている通りの人間になる
- みんなや世間と同じことをしない、一人になってでも自分のやりたいことをやる。人を気にしない
- 自分の長所に目を向ける。自分のペースで進んでいく
- 過去を振り返らない、後悔しない、思い出に浸らない、今に目を向け集中
- 成功に安住しない、成功を喜びつつも直ぐに次の目標へ進む
- 自分の感情が刺激される「もの」「事」「人」は何かを感じた時、その感情に正直になる。
- 時間を大切に、過ぎた時間は戻らない、無駄なことに時間を使わない
- 苦しい状況でも志高く前向きな人に世界は味方する
- 今ある現実は全てが自分で作り出した結果、自分の心が環境に反映する。

心の中に卑屈や嫉妬、怠けや責任転嫁、恐れを見つけたら改善する。人格を高めることで良い方向へいく

- 人間は自分より立場の弱い人への態度でその人の値打ちが決まる
- 果報を期待しない
- 深く自分の道を求めよ
- 感情をコントロール、感情に気づけ

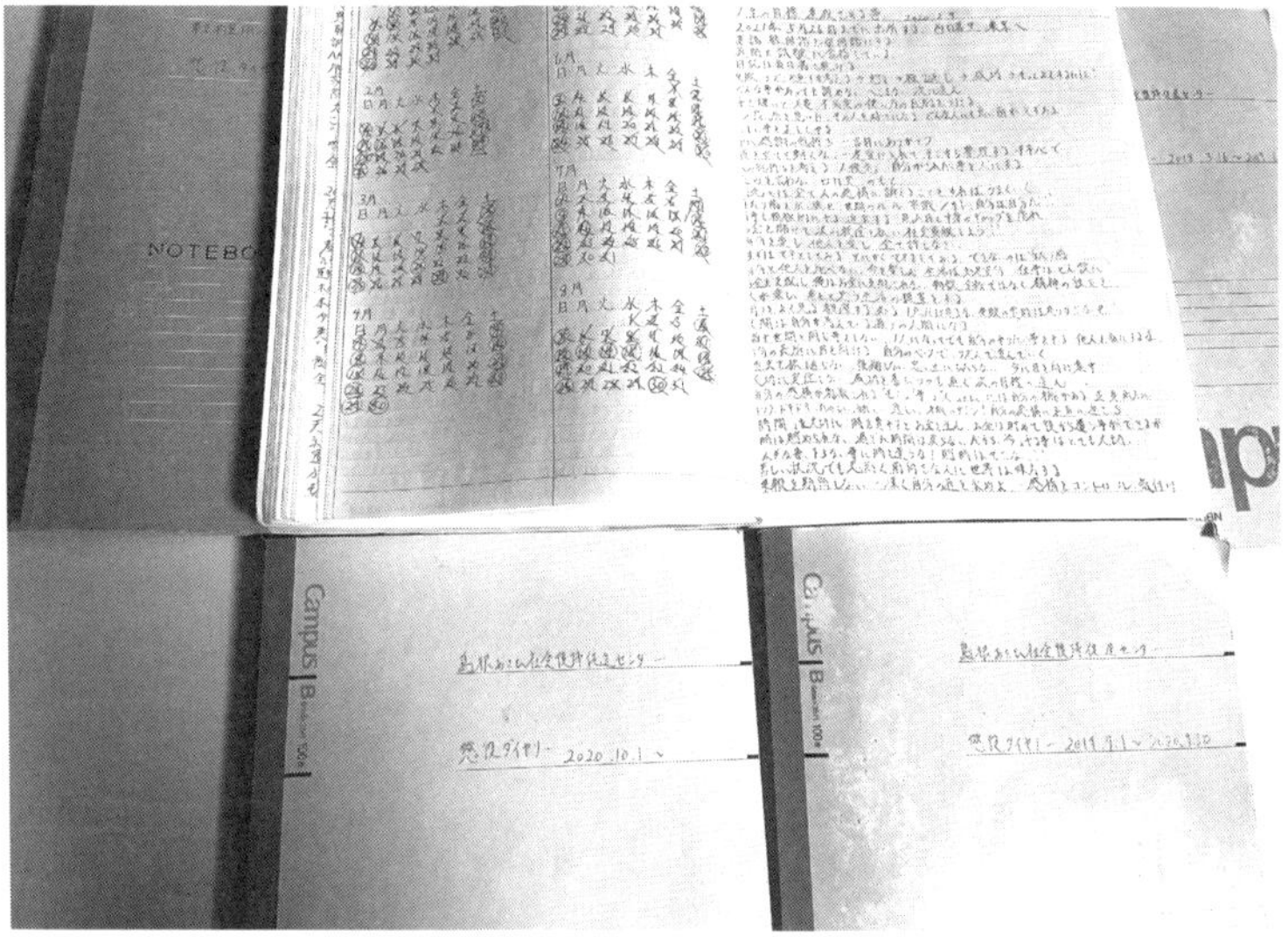

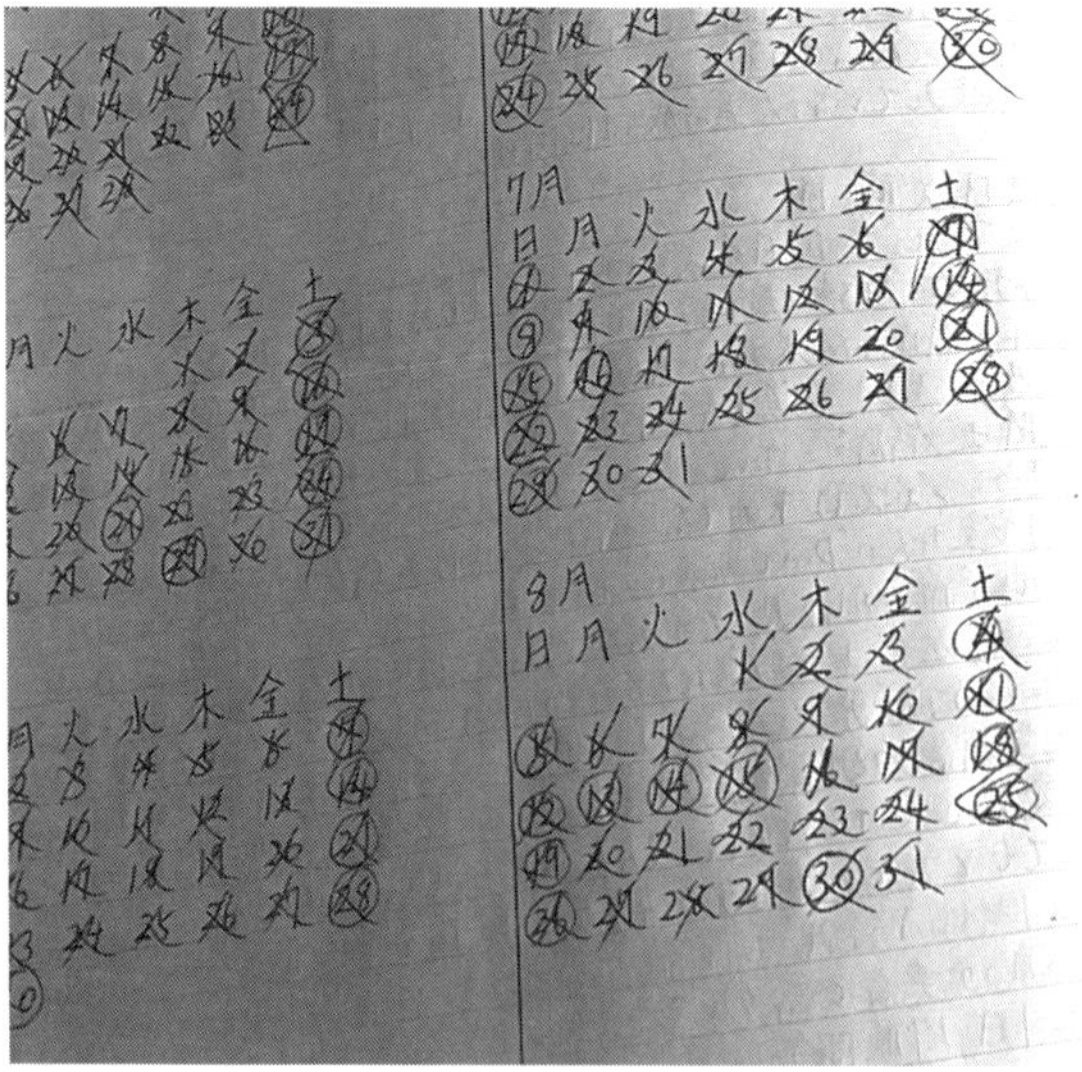

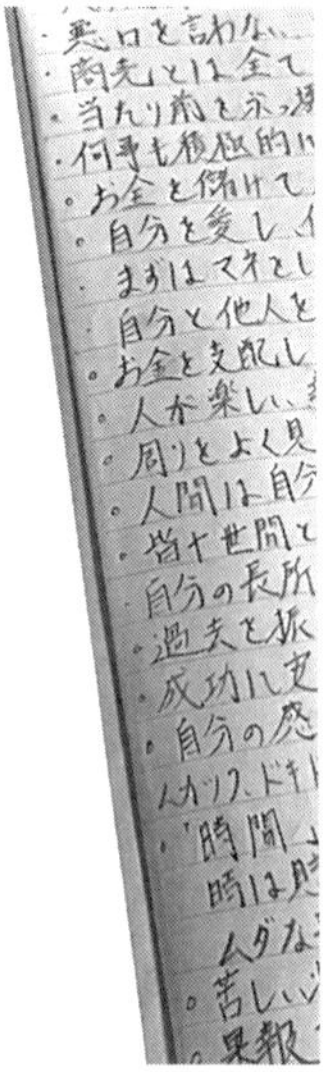

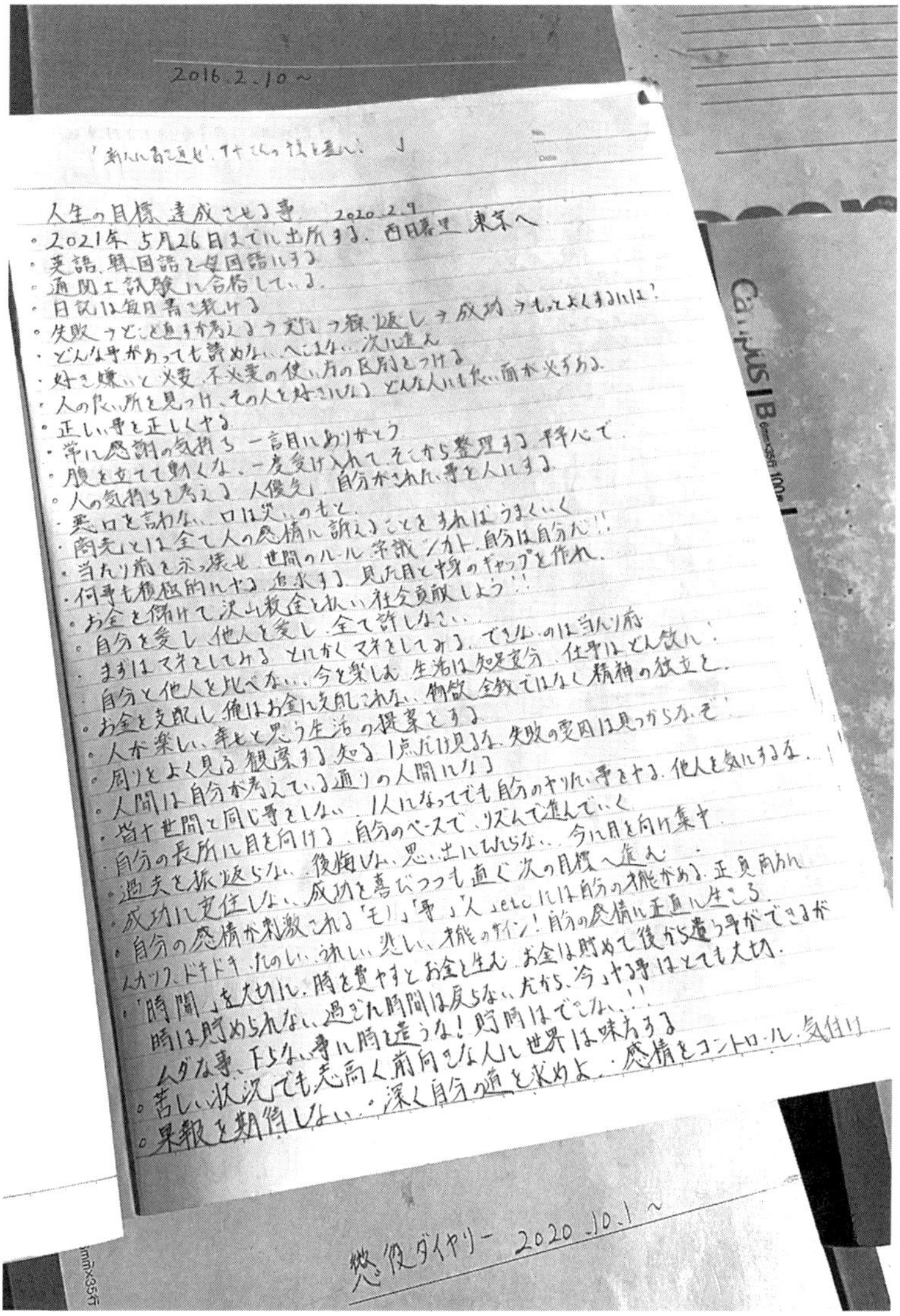
2016.2.10～
人生の目標 達成させる事 2020.2.9
・2021年5月26日までに出所する。西日暮里 東京へ
・英語、韓国語を母国語にする
・通関士試験に合格している。
・日記は毎日書き続ける
・失敗→どこを直すか考える→実行→繰り返し→成功→もっとよくするには？
・どんな事があっても諦めない、へこまない、次に進め
・好き嫌いと必要、不必要の使い方の区別をつける
・人の良い所を見つけ、その人を好きになる どんな人にも良い面が必ずある。
・正しい事を正しくやる
・常に感謝の気持ち 一言目にありがとう
・腹を立てて動くな。一度受け入れて、そこから整理する 平常心で
・人の気持ちを考える 人優先 自分がされたい事を人にする
・悪口を言わない、口は災いのもと
・商売とは全て人の感情に訴えることをすればうまくいく
・当たり前をぶっ壊せ 世間のルール 常識シカト、自分は自分だ!!
・何事も積極的にやる 追求する 見た目と中身のギャップを作れ。
・お金を儲けて沢山税金を払い社会貢献しよう!!
・自分を愛し、他人を愛し、全て許しなさい。
・まずはマネをしてみる とにかくマネをしてみる。できないのは当たり前
・自分と他人を比べない。今を楽しむ 生活は知足安分、仕事はどん欲に。
・お金を支配し俺はお金に支配されない。物欲 金銭ではなく精神の独立を。
・人が楽しい、幸せと思う生活の提案をする
・周りをよく見る 観察する 知る 1点だけ見るな。失敗の要因は見つからないぞ
・人間は自分が考えている通りの人間になる
・皆と世間と同じ事をしない。1人になってでも自分のやりたい事をやる。他人を気にするな。
・自分の長所に目を向ける。自分のペースで、リズムで進んでいく
・過去を振り返らない。後悔しない、思い出にひたらない。今に目を向け集中
・成功に安住しない。成功を喜びつつも直ぐ次の目標へ進め。
・自分の感情が刺激される「モノ」「事」「人」etcには自分の才能がある。正負両方
ムカツク、ドキドキ、たのしい、うれしい、悲しい、才能のサイン！自分の感情に正直に生きる。
・「時間」を大切に。時を費やすとお金を生む。お金は貯めて後から使う事ができるが
時は貯められない。過ぎた時間は戻らない。だから「今」やる事はとても大切。
ムダな事、下らない事に時を使うな！貯時はできない!!
・苦しい状況でも志高く前向きな人に世界は味方する
・果報を期待しない。・深く自分の道を求めよ。・感情をコントロール、気付け
懲役ダイヤリー 2020.10.1～

特別寄稿

闇バイトの傾向と対策

龍谷大学犯罪学研究センター嘱託研究員
ノンフィクション作家
廣末 登

■闇バイトとは何か

闇バイトとは、特殊詐欺や強盗などの犯罪の実行役、あるいは、その犯罪に関する支援業務に従事し、金銭的対価等を得ることの総称です。「バイト」というネーミングで犯罪性が中和させており、青少年が騙されやすいのではないかと考えます。

SNSを通じて闇バイトに応募すると、最初に、応募者の顔写真、身分証明書のコピー、緊急連絡先と称して実家の住所、電話番号、家族構成などの個人情報の提出を求められます。このことにより、応募者が闇バイトの犯罪性に気付いて辞めたいというと、闇バイトの首謀者から「実家に行くぞ」「ネットに個人情報を晒すぞ」などと脅され、犯罪を継続するように強制されるのです。

■アクセシビリティーが顕著な闇バイト

闇バイトで検挙される者は、2015年の2506人以降、2022年の2458

人まで、毎年2000人を超えています。

これほど闇バイトの違法性が報道されているのに、なぜ巷間では認識されていないのかと疑問に思った筆者が、担当する大学のクラス93名の学生に聞いたところ、新聞を読む者は0名、ネットニュースを読む者は1名に過ぎませんでした。大学生ですらこのような状況ですから、一般の若者は推して知るべしです。闇バイトに応募する若者は新聞を読まず、ニュースも見ないということです。だから、社会問題になっている闇バイトについて正しい理解が為されておらず、「高収入」「即金」などという言葉に安易に騙されてしまうのではないかと思い至りました。

SNSで検索してみると「犯罪じゃない」「闇バイトじゃない」「絶対に捕まらない」などと書かれています。その上、高額な報酬を即金で払うような文言があるため、無知な人は引っ掛かります。何より、アクセシビリティー(近づきやすさ)が顕著ですから、青少年でもスマホ環境があれば、容易に接触ができるのです。

■闇バイトで逮捕される青少年の傾向

筆者が取材した限りでは、闇バイトで逮捕された者は、教育的アチーブメントが低い人が多く、彼らは「将来的成功を待つ能力」が乏しいため、ワンチャンゲット（大きなチャンスが得れる）と思えば刹那的に行動してしまう傾向がみられました。

法務省の調査をみると、楽に金を稼ぎたいと考えている若者が一定数存在するようです。令和3年1月1日から同月29日にかけて、法務省法務総合研究所が、犯罪者・非行少年を対象に行った調査によると、「『汗水流して働くより、楽に金を稼げる仕事がしたい』の項目について『そう思う』に該当する者の構成比は、対象者全体では43・3％であったが、若年層において構成比が高い傾向が見られ、20歳代の者（50・3％）が最も高かった」とあります（『犯罪白書』２０２１年）。

現役の保護観察官に闇バイトに行く少年の傾向を尋ねたところ「闇バイトに巻き込まれる少年は、生活にとても困っている子じゃない気がします。こういう少年は、大人と違って社会的ケアが充実しているので、犯罪しなくて済んでいるようです。

どういう少年が犯罪に巻き込まれているかというと、児童養護施設などを出て行き場がない子や、ヒマしている子ですね。彼らは世間を知らないから騙されやすい。実際に使い捨ての出し子とかが多いです。内容も分からず闇バイトに安易に行ってしまう。行動が非常に幼稚な気がします」との回答を得ました（廣末登『闇バイト――凶悪化する若者のリアル』祥伝社新書)。

■非行少年の家庭内被虐体験

話を聞いた闇バイト経験者の半数以上の家庭に機能不全傾向が疑われました。とりわけ、実母と義父の家庭が過半数で、家庭に居場所がなかった可能性が示唆されています。

家庭に居場所が無い、虐待などを経験して生きづらい子どもが非行を深化させる点に注目した「自己治療仮説」というものがあります。現在、浪速少年院に医師として勤務する中野温子(なかの　はるこ)氏が提唱する仮説です。

以下は、第117回日本精神神経学会学術総会で、中野医師によって報告された内容です。その報告を見ると、少年が大麻使用に至った背景や、プッシャー(薬物販売者)となる理由の一端が理解できます。中野医師は、ある少年院に収容されていた47人を対象に個別面接を実施しています。

まず、薬物に関しては、覚せい剤、大麻、処方薬、LSD、MDMA、コカイン、危険ドラッグ、ガス、シンナー、その他の10種類について、「これまで一度でも使用したことがあるか」、覚せい剤と大麻と処方薬については「週1回以上の頻度で常用していたか」

を聞いています。その結果、薬物乱用歴があるものが47人中41人で87％、このうち、半数以上の23人・56％が五種類以上の多剤乱用でした。

つぎに、常用薬物をみると大麻が87％と突出しています。処方薬、ＬＳＤ、ＭＤＭＡ、コカインの使用率がいずれも五割前後となっていますが、この四つはセットで乱用されることが多く、これに大麻を加えた五種類の乱用が非常に多いのが特徴です。

さらに、プッシャーをしていたものが55％、そのうちの七割以上が五種類以上の多剤乱用だったと報告されています。

こうした薬物乱用少年たちの背景を探るべく、中野医師は「被虐体験の有無」を質問しています。その結果、被虐待歴ありは70％と、虐待の経験を有する少年が半数以上を占めています。これらの結果から、同医師は、彼らが家庭内に居場所がなく、生きづらさを抱えていること。「快感」ではなく「苦痛の緩和＝自己治療」を求めた結果、薬物などの依存症になるのではないかと所感を述べています。

■生き延びるために非行を深化させる

これらの調査結果を受けて、中野医師は「家庭に居場所がなかった少年が、居場所を求めて不良仲間と戯れるようになり、そこから薬物やアルコール、夜の世界に足を踏み入れ、悪の世界に染まっていくというパターンが非常に多いが、非行も生きのびるための自己治療だったという見方もできるのではないかと考える」と述べ、機能不全家庭の少年が非行を深化させる理由に言及しています（中野温子　第117回日本精神神経学会学術総会2021年9月19日）。

筆者の経験に照らしても、この所感に得心がいきます。現実逃避のために飲酒や薬物乱用に至る青少年は、家庭環境が複雑であることが多く、親から虐待やネグレクトされた結果、友人宅を泊まり歩き、街角家族的集団を形成して非行や犯罪に至っていたケースが散見されました。

こうした若者が、薬物の売人から闇バイトに誘われることで一味徒党に加わる可能性は否定できません。薬物を扱う売人の元締めや先輩から声を掛けられたら、少年は、闇バイトへの誘いを断れないと思います。

本書の主人公であるフナイム氏も、職場でお客さんから闇バイトに勧誘されています。実際に働いてみて犯罪性に気付き、報酬も聞いていた話と違うから辞めたかったが、暴力団の名前など出してきたので、辞められなかったと回想しています。

警視庁が公表した昨年1年間に特殊詐欺の実行役として摘発した少年153人の実態調査を見ると、闇バイトの勧誘は、SNS（28・8％）と比べると、先輩（20・3％）や友人関係（39・9％）など、生活圏の顔見知りによる勧誘が圧倒的に多いのです（産経新聞ウエブ版　2023年5月24日）。

■闇バイトは末端実行犯でも厳罰化

警察庁組織犯罪対策課が公開した「令和4年における特殊詐欺の認知・検挙状況等について（確定値版）」によると、闇バイトの中枢被疑者で逮捕される者は41人であり、全体の1・7％ほどに過ぎません。一方、受け子や出し子は1917人逮捕されており、総検挙人員の78％を占めています。この数字を見る限り、根本的な闇バイト取り締まりが奏功しているとは言えない現状があります。

昨今、闇バイトで逮捕されると、初犯者でも実刑は免れず、多くの場合、刑事施設に収容されます。18歳以上の特定少年は逆送優先となっており、刑事裁判で裁かれます。いわゆる厳罰化傾向にあるのです。

ちなみに、厳罰化の背景には、一般予防という考えがあるようです。知り合いの弁護士に聞いたところ、闇バイトの厳罰化は「①厳罰に処したことをアナウンスすることが犯罪の減少につながるという考え方をとっているので、特殊詐欺には厳罰で臨む傾向がある。②受け子・出し子・掛け子は末端の利用される存在であるが、特殊詐欺組織の中では受け子・掛け子・出し子があるからこそ犯罪が敢行されるため、役割の重要性は否定できず、厳罰の必要性は末端でも変わらない」からだそうです。

■初犯者の社会的排除は再犯を促す

しかし、筆者は末端の厳罰化に反対です。その理由として、ひとつは、社会にも責任があるからです。教育機関で情報リテラシー教育やキャリア教育がしっかりと為されていない。親世代の大人も闇バイトに対する知識が足りないため、青少年に注意喚起ができていないという問題が指摘されます。無知・無関心は犯罪の温床です。早急に改善する必要があるのです。

もうひとつの理由として、歴史を紐解いたら自明のことですが、厳罰化で犯罪が抑制されることはありません。闇バイト初犯者を刑事施設に収容して社会的紐帯を切ることや、銀行口座を持たせないなどの社会的制裁を加えることは、彼らを将来的成功の見込みがない狭い道に追いやります。成人の場合、逮捕されて新聞に載ると、デジタルタトゥがネット上に残ります。

こうした社会的制裁により、彼らは就職も結婚も諦めなくてはならない可能性が高くなります。結果、希望を失って自暴自棄になり、再犯に至る可能性があるからです。ワンストライクでアウト＝社会的に排除することは、更生の余地を奪い、再犯に至ることで、新たな被害者を生み出す可能性を否定できません。

これらの理由から、初犯者への厳罰化は闇バイトに加わる者を減らせるとは考えられず、筆者は、更生保護経験者・犯罪学者として、違和感を覚えるのです。

■日本社会が大人になる

犯罪は社会を映す鏡です。闇バイトが無くならない理由はいくつか考えられます。

先述しましたが、大人が闇バイトという犯罪を正しく認識していません。闇バイトを「他人事」と考えずに、まずは大人世代が学び、若者に注意喚起する必要があります。ですから、フナイム氏が行っている「闇バイトに行かせないための草の根活動」は、闇バイトの危険性周知という観点からみて、効果的であると思います。

次に、世間の風潮として、ユーチューバーやカリスマ投資家のような人を賛美し、「楽にカネを儲ける人が凄い」とばかりに、マスコミがスポットライトを当てすぎるきらいがあります。さらに、老若男女を問わず、SNSで生活の一部を切り取り、キラキラした華美な生活をしているような発信をして、自己の存在確認に明け暮れています。こうした発信を若者が目にしたら、「オレもキラキラした生活がしたい」と思うのも当然です。

こうした過剰で幼稚な自己主張傾向を、まずは大人から改めることが、子どもを誤った道に走らせない第一歩であると考えます。要は、日本社会が大人になることが先決です。そうすれば、自ずと若者の意識も変化するのではないでしょうか。

推薦のことば

元東京都議会議員4期　土屋たかゆき

本書の著者、フナイム氏は非常に頭の良い方である。

頭脳明晰だからこそ、詐欺犯として服務した経験を基に「詐害・ブラックバイト」の撲滅警告への活動ができるのだろう。

実際に「更生します」と必ず誓う犯罪者の過半数は、刑務を終えたら元の世界に舞い戻ってしまうらしい。その為に更生を中心にした刑務所が全国でつくられ始めている。

フナイム氏も島根県での服役生活の中で、自分を取り戻したという。

と簡単にいうが、これはなかなかできることではないと思う。

フナイム氏が、服務中に綴ったびっしり書かれた5冊のノートを拝見し、驚愕した。

服役後、アルバイトをしながらの生活は厳しいだろうし、社会の目はそんなに甘くない。

そういう中で、元受刑者、元詐欺主犯として「犯罪防止活動」を行う氏の姿勢は大したものである。

再犯率を下げるのは非常にハードルが高い。

再犯を防ぐには、個人だけの問題ではなく、社会的な要素が必要となる。

フナイム氏に求めたいのは、犯罪への警告だけでなく、再犯を防ぐために、犯罪に係る諸要素、法的な問題、そのためには何が必要か、或いはどこを動かせばよいか、政治的な分野にどう切り込んでいくのかが必要となるだろう。

本書を切っ掛けに、市民への詐欺警告講演、青少年のブラックバイト警告などの場で大いに発言して頂きたい。経験者だからこそのリアルな怖さが実感できることと思う。

いとも簡単に引っかかってしまうブラックバイトには学校の教師にも読んで頂きたい。

また高齢の親を持つ読者にも、是非読んで頂きたい。

日本の詐欺犯罪被害額は４００億円近くになろうとしている。


一過性の運動に終わるのではなく、広く青少年の犯罪防止に必要なことを組織的に構築することが今後求められる課題であると同時に、大いに期待したい。

本書を第一弾として、今後のフナイム氏の活動言動には大いに期待して本書を推薦したい。

著者プロフィール

フナイム

1980年8月30日、福岡生まれ。幼少期は親の都合で転校を強いられる。義父との軋轢により高校を中退し家出。アルバイトを続けながら幼少からの夢であった芸能界を目指す。ある切っ掛けで闇バイトや詐欺に身を落とすも、一旦足を洗う。結婚を機に再び詐欺の世界へ。特殊詐欺主犯格として詐欺グループを統率する。逮捕後、5年4か月の刑期を終え、出所後は「犯罪撲滅活動家フナイム」として各種メディアへ、顔出しでの啓蒙活動を行う「フナイムTV」「X」などのSNSを中心に活躍。

闇《やみ》バイトで人生《じんせい》詰《つ》んだ。
—元特殊詐欺主犯《もととくしゅさぎしゅはん》からの警告《けいこく》—

フナイム 著

2023年12月15日　初版発行

発行者　磐崎文彰
発行所　株式会社かざひの文庫
〒110-0002　東京都台東区上野桜木2-16-21
電話／FAX：03（6322）3231
e-mail：company@kazahinobunko.com
http://www.kazahinobunko.com

発売元　太陽出版
〒113-0033　東京都文京区本郷3-43-8-101
電話：03（3814）0471　FAX：03（3814）2366
e-mail：info@taiyoshuppan.net
http://www.taiyoshuppan.net

印刷・製本　モリモト印刷

装丁　仙次
DTP　KM-Factory
イラスト　JET SIN
編集協力　永井由紀子

ISBN978-4-86723-152-4